事例でわかる家族信託契約の変更・終了の実務

弁護士 菊永将浩
公認会計士・税理士 成田一正
司法書士 本多寿之
共著

日本法令

はしがき

数年前に比べて、家族信託についての書籍は数多く世に出されており、また新聞やテレビなどでも頻繁に取り上げられてきていることから、世の中の認知度も高まってきています。

全国公証人連合会が 2019 年 10 月に発表した数字によると、統計をとり始めた 2018 年における信託契約公正証書の作成は、全国で 2,223 件にのぼりました。

その後、コロナ禍で対面での面談等が難しい環境においても 2019 年は概ね 2,800 件、2020 年は概ね 3,000 件と前年よりもその利用は増えています。信託の認知度が高まっていることからすると、その数字は今後ももっと増えていくものと思われます。

これまで、家族信託は認知症対策に使えるということで急速に広まってきましたが、その広まりの中では、「どのような形で契約書を作ればいいのか」とか、「どのようにすれば信託口口座が開設できるのか」という、家族信託のスキームを構築することが多くの専門家の関心事となっていました。

もちろん、正しい仕組みを作ることは非常に大切なことなのは言うまでもありません。

しかしながら、家族信託という仕組みを作ることがゴールなのではなく、その作った内容が当初の想定どおりに正しく動いていることが非常に大切です。場合によっては、信託目的達成のために当初の内容を変更しないといけないこともあるかもしれません。また、組成した内容が当初の目的を達成した場合には無事に終了できるということ、終了時には当初の想定どおりの資産の承継ができることなども大切です。

今後は家族信託の組成のみならず、その信託の終了の場面や途中の変更というものについても目を向けていかないといけません。

本書では、まだまだ議論の少ない部分である信託の「変更の実務」および「終了の実務」について、現時点における状況を整理しながら執筆しました。

本書の構成としては、第１章で、信託の変更・終了についての概論という形で、法務・税務・登記の面からの留意点を説明しています。そのうえで、第２章では事例ごとの注意点を、実際の契約書の内容などを踏まえながら解説しています。そして、第３章では、信託の変更・終了についてよくある質問をまとめてみました。

もちろん、そこでの記載は現時点でのものになるため、今後変更になる部分や新たに裁判例等が集積されることで考え方が変わる部分もあるかもしれません。ただ、「こういうことを考えないといけない」という問題点の指摘をすることを通じて、信託の変更や終了のときに気を付けないといけない点についての問題意識が生まれるように工夫しています。

本書が家族信託に取り組む専門家の方々の参考になれば幸いです。

最後になりますが、今回の書籍の出版にあたり企画段階から最後までお世話になりました日本法令の大澤有里様、本書の作成にあたり実際の事例の提供なども含めて協力していただいた福村雄一先生をはじめ、事例に基づく契約書の提供にご協力いただいた専門家の方々に感謝を申し上げます。

2021 年 12 月

著者　菊永　将浩（弁護士）

成田　一正（税理士）

本多　寿之（司法書士）

目　次

第1章　概　　論

法務面からの検討　12

第2章 事例別の検討

第３章　信託の変更・終了に伴う FAQ

凡 例

【法令等】

信法	信託法
信業法	信託業法
会法	会社法
不登法	不動産登記法
不登令	不動産登記令
商登規	商業登記規則
法法	法人税法
法令	法人税法施行令
相法	相続税法
相令	相続税法施行令
相規	相続税法施行規則
所法	所得税法
所令	所得税法施行令
措法	租税特別措置法
措令	租税特別措置法施行令
措規	租税特別措置法施行規則
登免法	登録免許税法
所基通	所得税基本通達
法基通	法人税基本通達
相基通	相続税法基本通達

【条・項・号の略について】

条……算用数字

項……マル付き数字

号……漢数字

例）信託法第 21 条第 2 項第 4 号　⇒　信法 21 ②四

第1章

概　論

本章は、まず信託の変更・終了に関する概要について、法務面からの説明をし、その後に登記面、税務面からの説明を行っていきます。

◎◎ 法務面 からの検討

第1 信託の変更について

1 変更の実務にあたり

信託契約書に関する法律上の問題点や実務上の問題点についての議論の蓄積は年々進んできており、数年前にはその時点で最善の契約書と考えて作っていたものが、今になってみると検討が漏れていたということなどは起こり得ると思います。

そうなった場合には、信託契約の内容を見直すことで新しい内容に変更するのが最も良い形になると思いますし、信託の組成に携わった専門家としても、可能であればそのような対応をとるのが望ましいと考えられます。

また、ないことが望ましいのですが、当初の信託契約書の定めに誤りがあった場合にも正しい形に修正しておくことが必要となる場合もあるかもしれません。

もっとも、実際に信託の変更をしたことがある専門家は少ないと思われますので、以下では、信託の変更とはどういうものなのかについて説明していきます。

2 信託の変更とは

(1) 信託の変更

信託の変更については、信託法149条以下に定めがあります。

本稿では、信託契約を前提に、実務上重要な定めである149条を中心に解説していきます。

信託の変更とは、その名のとおり、委託者と受託者の間で締結した信託契約を変更することです。

契約全般に当てはまることですが、よく一般の方から、「一度結んだ契約は変更できないのでは」という質問を受けることがあります。そんなことはありません。契約というのは、基本的には合意により変更できるものです。

そして、信託法149条においては、おおむね次のような場合に信託の変更ができる旨を定めています。

ⅰ　委託者、受託者、受益者の合意（１項）
ⅱ　信託の目的に反しないことが明らかであるとき　受託者および受益者の合意（２項１号）
ⅲ　信託の目的に反しないことおよび受益者の利益に適合することが明らかであるとき　受託者の書面または電磁的記録によってする意思表示（２項２号）
ⅳ　受託者の利益を害しないことが明らかなとき　委託者および受益者から受託者への意思表示（３項１号）
ⅴ　信託の目的に反しないことおよび受託者の利益を害しないことが明らかなとき　受益者から受託者に対する意思表示（３項２号）

信託契約は、委託者と受託者の間での契約により効力が生じますが、その法律上の効果が受益者に及ぶ仕組みになっています（信法88参照）。

そこで、当初は委託者と受託者のみで契約が交わされた場合であっても、その変更においては、委託者と受託者のみならず受益者の合意も要する形になっています（ⅰの場合）。

信託法は、様々なパターンを想定して信託の変更の要件を定めています。なお、委託者が現に存しない場合においては、信託法149条の5項に定め（読替規定）を置いています。

もっとも、信託法149条4項は「前三項の規定にかかわらず、信託行為に別段の定めがあるときは、その定めるところによる」と規定しているとおり、信託の変更について信託契約の中で別段の定めを置くことを許容していますし、実際に見る信託契約書では変更に関する定めを置いているものが多く見られます。

実務家としては、信託契約書を作成する場合において信託の変更に関する定めを置く際には、信託法の定める内容をしっかりと理解したうえで、別段の定めを置くことが必要かどうか、などを検討することが必要になります。

その他、信託法150条は、「特別の事情による信託の変更を命ずる裁判」に関する定めを置いています。いわゆる「事情変更の原則」を明文化したもので、例えば、急激なインフレが進んで、当初予定していた受益者への給付では受益者の生活が維持できないような場合に、裁判所に申し立てることで信託の変更命令を出してもらうという仕組みとなっています。

（2）信託の変更についての定めを置く際の留意点

① 委託者兼当初受益者の判断能力について

信託の変更について、どのような規定を置くかというのは一律には決められません。信託の内容によっては、今後変更を予定しないものもありますし、逆に今後の状況を踏まえて変更を加えていかないといけないものもあります。

そのときに注意したいのは、委託者兼当初受益者の判断能力についてです。

例えば、「信託の変更は委託者と受託者の合意による場合に限り可能」という定めを置いた場合を考えてみましょう。この場合、委託者が判断能力を喪失してしまった場合には、法律行為はなし得なくなります。その結果、信託契約の変更ができない、ということになります（なお、上記の定めを置いた場合には、いろいろな考え方がありますが、信託法の適用を排除しているという考え方を取ると、上述**2（1）**に定めるその他の手法による変更もできません）。

このような場合に、成年後見人を置いたら変更できるという意見もありますが、本人の意思を踏まえた変更ということを成年後見人がなし得るのか等、難しい問題も生じ得ます。

委託者兼受益者の判断能力が厳しくなってきているときには、そもそもの信託の内容に変更を加えなくてもよいようにする工夫が必要だと思われますし、それが難しい場合には、後述のとおり、受益者代理人を置くことなども検討をする必要があります。

②　受益者代理人について

受益者が判断能力を喪失してしまうことに備えて、受益者代理人を置くというのは一つの解決策になります。ただし、次の点には注意が必要です。

信託法139条は4項に次のような定めを置いています。

> 「4　受益者代理人があるときは、当該受益者代理人に代理される受益者は、第92条各号に掲げる権利及び信託行為において定めた権利を除き、その権利を行使することができない」

よって、単に受益者代理人を置くことだけを決めた場合には、以後、受益者が各種権限を行使し得なくなることになるので、これにより予期せぬ不具合が起きないようにしなければなりません。

なお、受益者代理人を指定したうえで、就任を留保するという考えなどもありますが、実務において受益者代理人の使い方にはまだ定見がないと思われますので、今後の議論を注視していきたいと思います。

3 信託の変更の限界

信託の変更についていろいろと述べてきましたが、法律上は、**2**に述べた要件（変更の手続要件）を満たせば信託を変更することができます。しかし、果たして、どこまで自由に内容を変更することができるのでしょうか。信託の変更に限界はないのか（変更の内容要件）という論点があります。

例えば、父親が息子に将来の認知症対策として金銭を信託していた場合、その後その信託契約を認知症対策とは無関係の内容に変更するなどというのがその例です。

信託法においては、「信託行為の定めるところによる」という形で特別の定めを置くことを許容しているものがたくさんあります。信託の変更もその一例です。「信託行為の定めるところによる」と書いてあって何の制限も書かれてないのだから、自由に変更できるのが当たり前ではないか、という意見もあります。一見もっとものようですが、そうとは言い切れない場合もあるので注意が必要です。なお、信託においては「特定委託者」（詳細はP.84）という問題もありますので、注意してください。

この点について、福祉目的から営利目的への信託の変更もあり得るという考えもあります（寺本昌広著『逐条解説 新しい信託法〔補訂版〕』283頁・商事法務）。この考えは、抜本的な変更があった場合には受益者は受益権取得請求権を行使し、信託から離脱をすればよいという考え方に基づいています。

もっとも、福祉型信託において、仮にその信託を営利目的に変えようというのであれば、いったんもとの信託を終了して、新たに信託を設定するのが適切ではないかと思われます。そのため、私見としては、もともとの信託が叶えようとしていた目的を変更するような場合には、それは信託の変更ではなく、新たな信託の設定と捉えて考えるのが適切なのではないかと思います。

コラム1

信託の変更に関する別段の定めと信託法の適用の関係

信託契約書において変更の定めを置いている場合に、その定めが信託法の適用を排除しているのか、それとも併存的な定めなのかというのを意図的に曖昧にしている場合は別として、そうでない場合にはしっかりとわかるようにしておくことが必要です。

１つの工夫としては、変更できる場合として想定される場合をすべて列挙する、という方法が考えられます。

その他の工夫方法としては、「信託法○条○項○号に定める場合のほか」というように信託法の適用ができることを明記しておくことが考えられます。

まだあまり実務の契約書でこのような対応をしているものを見ることは少ないですが、今後の実務の集積を注意していきたいと考えています。

第2 信託の終了について

1 信託の終了とは

信託は、委託者が、一定の目的のために、受託者に対して、自らの財産の管理や処分の権限を委ねる財産管理・承継の手法です。

そのため、信託自体は未来永劫続くものではなく、その終わりも考えておかないといけません。

この信託が終わる事由のことを、「信託の終了事由」といいます。

もっとも、最初に注意しないといけないですが、終了という言葉からすると、その時点で信託に基づく関係が消滅するような響きがありますが、実際にはそうではありません。信託が終了しても直ちに信託に基づく関係が消滅するのではなく、後述のとおり清算という手続きを経て、はじめて消滅します。この点は、会社における解散と同じようなイメージをしてもらうとよいかもしれません。会社が解散の決議をした場合もその瞬間に会社がなくなるのではなく、その後に清算手続を踏まえたうえで法人格が消滅します。信託も同様の考え方を取っているのは、信託法において、175条以下に清算に関する詳細な定めをおいていることからも明らかです。

以下では、まず信託の終了事由について説明をしたうえで、清算等についても必要な範囲で解説をしていきます。なお、本書において想定しているのは「信託契約」になります（自己信託や遺言信託については必要に応じて言及をしようと思います）。

２　信託の終了事由について

（１）実務でよく見る終了事由

世の中で作られている信託の契約書においては、その多くで信託の終了事由が定められています。よくある終了事由としては、ⓘ委託者（受益者）が死亡したとき、ⓘⓘ委託者（受益者）と受託者が合意したとき、というのがあります。筆者がリーガルチェック等で見る契約書の多くは、ⓘかⓘⓘ、または双方が入っています。

コラム２

信託の期間について

よく信託契約書においては、「信託の終了」を指す意味で「信託の期間」という概念が置かれているものがあります。

この点について、信託法上は、信託の期間という概念はありません。そういう意味では、このような概念を置くことが適切ではない、という意見もあります。

もっとも、法定調書においては「信託の期間」という項目があることから、置くことが一義的に問題ありとはいえないと考えます。

やや問題がある定めとしては、「信託の期間は委託者が死亡するまでとする」という条項のように、信託の期間が「信託の終了事由」として位置付けられているか不明確なものがあります。

実務上の工夫としては、「信託の終了事由は次のとおりとする。1　信託の期間が満了したとき」という定めを置くことも考えられますが、この定めを置くのであればそもそもなぜ信託の期間という定めを置くのか、という意見もあったりします。

契約書の作成にあたっては、自らが定めた条項がどうしてそのような定めになっているのか、その根拠はどうなっているのかを確認することが大切です。

（2）信託法の定め

信託法においては、163条から166条までに終了事由が定められています（その他、信託法258条8項（受益者の定めのない信託）にも規定がありますが、今回は一般的なものを取り上げるため説明は省略します）。

本節では、終了事由のうち、家族信託でよく出てくる信託法163条、164条を中心に解説します。

① 信託法163条（信託の終了事由）について

信託法163条では、次の表のとおり9つの事由を信託の終了事由として定めています。

	内　容
1号	信託の目的を達成したとき、または信託の目的を達成することができなくなったとき
2号	受託者が受益権の全部を固有財産で有する状態が1年間継続したとき
3号	受託者が欠けた場合であって、新受託者が就任しない状態が1年間継続したとき
4号	受託者が第52条（第53条第2項および第54条第4項において準用する場合を含む。）の規定により信託を終了させたとき
5号	信託の併合がされたとき
6号	第165条または第166条の規定により信託の終了を命ずる裁判があったとき
7号	信託財産についての破産開始手続開始の決定があったとき
8号	委託者が破産手続開始の決定等を受けた場合において、破産法等の規定による信託契約の解除がされたとき
9号	信託行為において定めた事由が生じたとき

②　信託法 164 条（委託者及び受益者の合意等による信託の終了）について

信託法 164 条１項は、委託者および受益者の合意による終了を定めています。なお、３項にもあるとおり別段の定めができることから、世の中で使われている契約書のひな型では特段の定めを置いているものも多くみられます（詳細は後述します）。

（３）信託の終了事由をめぐる実務上の論点

（２）で取り上げた信託の終了事由について、以下では個別の終了事由のうち、主なものについて説明を加えていきます。

①　目的達成または目的不達成（１号）

信託は、一定の目的を達成するための仕組みなので、その目的が達成された場合またはその不達成が確定した場合には続ける意味がありません。よって、信託の目的の達成または不達成は信託の終了事由となっています。

例えば、大学での勉強を支援するために受益者（大学生）に対して必要な資金を渡すための信託を組んでいた場合、その大学生が卒業をすれば目的を達成しますので信託は終了します。

逆に、大学生が途中で起業のために大学をやめてしまったり、亡くなってしまったりした場合などには目的不達成で終了します。

ちなみに、「信託の目的とは何か」という点については、近時様々な書籍等で議論をされているところですが、「当事者が叶えたいと思っている願いなどを書くべきだ」という考えもあれば、「例えば、利殖などのように端的に、具体的に書くべきである」という考え方もあります。

この議論は信託の目的にどういう機能を持たせるべきか、という点に関係してきます。

それでは、信託の終了事由との関係で考えてみるとどうなるでしょうか。

例えば、信託の目的が「利殖」としか書かれていなかった場合、利殖の目的達成とは何か、また目的不達成とは何か（財産が0になれば不達成といえるかもしれませんが)、というのが不明確で、終了事由として必ずしも適切に機能しない可能性があります。

この点については、「それはそれで構わない」との考えや、他の終了事由で対応できるのであれば問題にならないケースもあるかもしれませんが、問題が起こる可能性があるということを、信託に携わる専門家として意識しておく必要があると思われます。単に定型のひな型だから、ということで何も考えずに信託の目的を設定するのは好ましくありません。

② 受託者が受益権の全部を固有財産で有する状態が１年間継続したとき（２号）

この条文は、信託は受益者のための財産管理を受託者が行うという法構造になっていること、受益者による受託者の監督が信託の重要な要素になっていることなどから、受託者と受益者が同一の場合にはもう信託は終わらせてしまってよいのでは、という考えに基づいて定められています。

管理する人と受益する人が共通なのであれば、もうあえて信託を続ける必要がないのではという考えは、確かにごもっともなことだと思われます。

そして、この条文については、受託者が受益権の「全部」を固有財産で有するとしていることから、実務では、受益権の一部を受託者以外に与えることでこの条文の適用を免れ、信託が終わらないようにしようという工夫がされたりもしています。しかし、例えば信託の受益権の100分の99は受託者、残りの100分の1

を別の人という形にしている信託については、その有効性について否定的な見解もあるので注意が必要です。

③　受託者が欠けた場合であって、新受託者が選任しない状態が１年間継続したとき（3号）

信託は受益者のために受託者が財産管理を行う仕組みなので、当然に受託者が存在することが前提となります。

もっとも、一時的に欠けた場合を直ちに終了とするのは適切でないとも考えられることから、「受託者が欠けた場合であって、新受託者が就任しない状態が1年間継続したとき」という形で、受託者の不在状態が一定期間続いた場合を終了事由として定めています（なお、信託法62条においては、受託者が不在となったときの裁判所による新受託者選任の定めがあります）。

実務の工夫としてよく取られているのは、二次受託者（後継受託者）を置くことです（いわゆる商事信託においては、受託者である信託銀行、信託会社が死亡するということはありませんが、家族信託においては受託者が個人になるため、置いておくことが推奨されます）。二次受託者を置くことで、「受託者が欠けた場合」という事態を生じさせないようにしているケースが多くあります。

④　信託行為において定めた事由が生じたとき（9号）

信託法は、随所に信託行為による特段の定めを認めていますが、信託の終了事由においても特段の定めを認めています。

例えば、「委託者兼当初受益者が死亡したときには信託を終了する」というのがその例になります。なお、近時は、合意終了にかかる特段の定めを置いた場合において、この信託法163条9号の適用場面なのか、信託法164条3項の適用場面なのか、ということが議論されたりもしています。

コラム3

信託の終了に関する別段の定めと信託法の関係

例えば、「本信託は受託者と受益者の合意により終了する」という定めを置いた場合、それが、信託法163条9号の定めなのか、それとも164条3項の定めなのか、というのが問題になることがあります。

前者にあたると考える場合には、信託法164条はそのまま適用され、例えば1項に基づいて委託者と受益者の合意によって信託を終了することができます。

他方、後者にあたると考える場合には、信託法164条1項の適用は排除され、委託者と受益者の合意による信託の終了はできない、と考えることになります。

よって、信託契約書を作成するにあたっては、上記のことが一義的に明確になるように定めを置いておくことが望ましいと思われます。

⑤ 個別の終了事由についての検討

ア 「信託財産が消滅したとき」という終了事由について

よく、契約書に、「信託財産が消滅したとき」という定めが置かれているケースがあります。一見わかりやすい気がしますが、よく考えてみると難しい部分があります。

例えば金銭の信託において、受託者の管理する信託口口座の残高が0になったら、その時点で信託は当然終了すると考えるべきかというと、そうは言い切れない場合もあります。このことは、信託口口座の開設を0円で開設した場合にもあてはまります。

また、「不動産を売却した場合には、信託財産がなくなる（信託財産は消滅している）じゃないか」という発言を聞くことがありますが、これは必ずしも正しくありません。信託財産である不動産を受託者が処分したときには、その売却代金が信託財産になりますし、信託不動産が火事で燃えて滅失した場合も、火災保険金があればその保険金が信託財産になります（信法16）。この点は、特に一般の方々でそう思う方も時々いるので、専門家としてはしっかりと説明をしておくことが必要です。

なお、「信託財産である不動産を売却したとき」というのを信託の終了事由として定めることはできます。この場合には、終了時の財産の帰属を明確にすること、信託の終了に伴う財産の移転に伴って税金の問題が生じないようにすることに留意する必要があります。

イ　期間満了という終了事由について

最近は見ることが減ってきたのですが、以前は、信託の終了事由に「信託契約締結から30年が経過したとき」などと期間の経過を定めているものが多くありました。これは、業として信託を受託する商事信託においては、一定の期間を区切って契約をし、必要に応じて更新等をする形が取られていることから、その契約書をもとに家族信託の契約書を作った場合に見られる現象です。

例えば、未成年の子のための信託で、その子が成年するまでを計算して期間設定をするなど、意図がある場合であれば期間を終了事由とすることが直ちに問題があるということにはなりません。

しかし、そういう意図なしに、「この信託の信託期間は10年です」という形で期間を置くと、その期間経過で信託が自動で終了し、契約書の定めに従った形で受益権が移動することになります。つまり、その移動は死亡に紐付けられていないことから、予期せぬ贈与税の問題が生じる可能性がありますし、予期せぬタイミングで委託者兼受益者が元気なうちにその財産が手元から離れてしまうということにもなりかねないので注意が必要です。

期間を設定する場合には、なぜそのような期間を設定するのか、将来において問題が起きないかという点を検証したうえで設定することが必要です。

⑥ 委託者と受益者の合意による終了

3年くらい前までのひな型ではあまり意識されていないものが散見されましたが、最近の信託契約書のひな型には、「信託法164条1項の適用は除く」と、適用除外しているものがまま見られます。

信託法164条1項の条文によると、委託者と受益者はいつでも合意により信託を終わらせられる、特に自益信託の場合には、委託者のみの判断で信託が終了できることになってしまうことになります。

いわゆる認知症対策の信託などでは、委託者は高齢のケースが多く、今後、認知症等により判断能力が衰えていくことが想定されます。認知症等が進む中では、せん妄などもあり、委託者が突如「信託をやめた」と言い出すことが起きたり、そのような状態になって急に近づいてきた親族のそそのかしにより同様のことが起きたりすることなども想定されます。

委託者兼受益者の意思というのが大切であるということはいうまでもありませんが、そうはいっても、簡単に信託が終了できてしまうと、法的安定性が阻害されることから、最近の契約書では、信託の終了事由において、「信託法の定めるところ（ただし、信託法164条1項は除く）」という条項を入れているケースが増えてきています。このあたりは、実際の事案ごとに、どのような定めを置くのが適切かと考える必要があります。例えば、信託が有効に続くことが前提となっている賃貸物件に関する信託などでは、場合によっては金融機関等からそのような定めを置くことを求められるかもしれません。

コラム④

信託の終了事由に関連する裁判例等の紹介

信託の終了についての裁判例は少ないですが、信託契約における終了の定めについて争われたものとして、東京地方裁判所平成 30 年 10 月 23 日があります。

○東京地方裁判所平成 30 年 10 月 23 日判決（所有権移転登記等抹消登記請求事件）

この事例の争点の一つとして、契約書の中にある「受益者は、受託者との合意により、本件信託の内容を変更し、若しくは本件信託を一部解除し、又は本件信託を終了することができる」という条項が、信託法 164 条 3 項の「別段の定め」に該当するかが争われました。

裁判所の判断としては「仮に、本件信託の受益者である原告が、任意の時期にこれを終了させることができるのだとすれば、本件信託の受託者である被告との合意によって本件信託を終了することができるとの上記規定は、無意味なものとなるから、本件信託契約 11 条は、信託法 164 条 3 項にいう信託行為における「別段の定め」であって、本件信託において、同法 164 条 1 項に優先して適用される規定であるというべきである」と判示し、受託者の合意がない本件事案において信託は終了していない、と判断しました。

信託契約書における信託の終了事由が 164 条 3 項に該当する結果として 1 項の適用を排除することを予定しているのか、それとも併存的な定めとして予定しているのか、という点については疑義が生じないような定めを置くことが必要だということがこの裁判例の示すところから明らかとなりましたので実務上では注意が必要です。

あと、直接、信託の終了事由に関するものではないですが、近時興味深い裁判例が出ているのでご紹介します。

○東京地方裁判所令和２年12月24日判決（信託無効確認請求事件）

この事案は、夫が自らの養子との間で行っていた信託契約について、夫の死後、二次受益者の立場を有していた妻が、この信託については①公序良俗に反して無効である、②詐欺により取り消された、③要素の錯誤があるから無効である、ことを理由として信託の無効確認や所有権移転登記および信託登記の抹消を求めたという事案になります（詳細の事例は、各自判例検索システムなどでご確認ください。実務を行ううえで注意しておくべきことなどがちりばめられており、参考になります）。

この事例において、裁判所は①信託契約は公序良俗に反しない、②信託契約締結において詐欺行為があったとは認められない、③信託契約時に錯誤があったと認められない、として原告である委託者の妻の請求を棄却しました。

家族信託においては、信託の内容を家族の間で共通認識にして進めていくことの大切さや関与する専門家としてトラブルを引き起こさない、巻き込まれないようにすることが大切だということを今一度考えさせられる裁判例でした。

3　信託の終了と清算について

先に少し述べましたが、よく、「信託が終了したらそこで全部終わりでしょ」という意見がありますが、それは間違いです。

信託においては、終了した後、清算事務を行わなければなりません。このことは、信託法175条以下に定められています。以下では、そのうちの大切な部分をまとめてみたので参考にしてください。

（1）清算の概要

信託が終了した場合においては、その信託終了時の受託者が清算受託者となって清算事務を行うことになります。

具体的には、ⓘ現務の結了、ⓘⓘ信託財産に属する債権の取立ておよび信託債権に係る債務の弁済、ⓘⓘⓘ受益債権（残余財産の給付を内容とするものを除く）に係る債務の弁済、ⓘⓥ残余財産の給付（信法177①各号）を行っていくことになります。

例えば、信託された金銭について、受託者が信託口口座を開設して管理をしていた場合、その口座を開設している金融機関に行き、当該口座を解約することなどはその一例ですし、信託契約において信託財産である不動産を帰属権利者に帰属させる旨が定められていればその必要な登記の手続等をすることもその一例です。

（2）検討すべき点

①　清算受託者とその権限の限界

信託において、受託者は法的には所有者であることから、特段の定めがない限り、信託の目的の達成のために必要な行為をする包括的な権限があります（信法26参照）。

清算受託者は「信託が終了した時以後の受託者」（信法177）であり、「受託者」であることから、自己が管理する信託財産について、能動的な財産管理を行ってもよいのではないか、という形で議論されることがあります。

この点について、清算受託者の権限は、あくまで「清算」のための行為を行う役割を担う受託者であることからすると、終了した信託についてその関係を消滅させる範囲での権限に限られると考えるのが素直です（多くの場合には、信託目的との関係でも資産の積極的活用などが想定されない事例が多いと思われます）。

②　信託法181条の強行法規性

信託法181条においては、清算が終わらないと信託財産を残余財産受益者等に渡すことができないと定めています。そして、これには「特段の定め」を許容する定めが置かれていないことから、この条文は強行法規ではないかということで、実務では次の点が議論になることがあります。

例えばアパートを経営している人が、まだローンが残った物件を信託し、完済前に死亡したようなケースにおいて、ローンを清算しないといけないのではないか、そうしないと残余財産受益者等に渡すことはできないのではないか、というのがその議論の点になります。

この点について、現在の実務では、金融機関も含めた関係者の合意のもとで、後継者への現物での引継ぎを認めているところです。実際、いわゆる現状有姿の形で後継者が資産も負債も引き継ごうとしているケースで、必ず清算をしなければならない、とするのは硬直的な対応になってしまうため、この実務上の取扱いは今後も支持されるのではないかと思われます（立法担当者の見解も、関係者が同意したうえで帰属権利者に債務を承継させることについては許容されるのでは、との立場を取っています）。

（3）遺言の執行との異同

委託者の死亡により終了する信託の清算は、遺言の執行との類似性があります（なお、遺言の執行については、今般の相続法改正において、改正が加わっているところなので注意が必要です）。

信託の清算も遺言の執行も、ともに、財産を持っていた人（委託者、被相続人）の死亡に伴って最終的に財産を渡したい人に渡す、という点は共通しています。

もっとも、遺言の執行については、民法に守らないといけないルールが明確に定められているので、その内容を踏まえた形で執行をしないといけませんが、信託法には遺言の執行のような細かい内容は定められていません。

また、遺言の執行者については、その欠格事由は、未成年者と破産者のみとなっています（民法1009参照）。このため、金融機関などが執行者になっているケースもままあるかと思います。

これに対し、信託法においては、受託者の欠格事由は未成年者のみと定められている（信法7）ことや、清算事務の内容などから清算受託者に専門家等が就任しても良いのではないかという議論があります（なお、以前は成年後見人等も欠格事由として定められていましたが改正で削除されています）。

この点については、信託においては、受託者になれるのは信託業法の許可、登録を受けた者に限られることから、たとえ清算受託者であっても業として許可等を受けていないものが就任するのは信託業法違反になるおそれがありますので、注意が必要です。

4　信託財産の帰属（残余財産受益者と帰属権利者）

信託が終了したのち、信託財産は多くの場合、契約書に定められた内容に基づいて指定された人に帰属します。信託法182条では「残余財産受益者」と「帰属権利者」という２つの概念を置いています。

（1）残余財産受益者とは

信託契約において、残余財産の給付を内容とする受益債権にかかる受益者として定められた者が残余財産受益者です。

（2）帰属権利者とは

信託契約において、残余財産の帰属すべき者として指定された者が帰属権利者です。

（3）両者の違い

残余財産受益者と帰属権利者は似た仕組みですが、次の点が異なります。

① 受益者か否か

残余財産受益者は受益者の一種であるのに対し、帰属権利者は受益者ではありません。このことは、信託法183条6項が「帰属権利者は、信託の清算中は、受益者とみなす」と定めていることからも明らかです（「みなす」は本来は違うものをそう扱うときに使われる法律概念です）。

② 法的位置付け

帰属権利者は信託が終了するまでは何ら法的地位を有しませんが、残余財産受益者は信託契約締結後、形としては受益者としての立場も有します。

（4）どちらの仕組みが多く使われているか

筆者がこれまで見た契約書においての多くは、「帰属権利者」が使われています。もっとも、いろいろな専門家と意見交換をしたのですが、一概にどちらの仕組みが良くて、どちらが良くないという関係とも言い切れないことから、両者の使い分けについては今後の議論が待たれるところです。

（5）遺言で帰属権利者を指定できるか

遺言で帰属権利者を指定することができるか、という論点があります。信託財産は、信託した時点から委託者（遺言者）の固有の財産ではなくなってしまうことから、そのような財産の帰属を委託者の遺言で決めてよいのか、というのがその問題意識です。この点については、**第2章**の事例で詳細に言及していますので参照してください。

コラム5

信託の終了により受益権は消滅するのか？

信託が終了するといずれは信託という法律関係が消滅し、通常の民法の法律関係（所有）に戻ってくるということは、多くの方が共通認識として持っていると考えられます。

では、信託契約をした段階で、従来の所有権から受益権に転換したものは、いつのタイミングで受益権ではなくなるのでしょうか。

この点について、契約書の中で「受益者が死亡したら受益権は消滅する」と定めているものなどもありますが、仮にそういう定めがなかったときにはどう考えるべきでしょうか。

この点について、法律上は、信託が終了し、清算が終わった時点で消滅する、と考えるのが素直なように思われます。

もし、受益権の相続という事態がおきないようにしておきたいということであれば、契約書の表現を工夫しておくのがよいかもしれません。なお、この点と信託終了時の登記の関係については**第2章**で詳述します。

◎◎登記面からの検討

第1 信託の変更と登記

1 はじめに

法務面からの検討で述べたとおり、信託の変更は委託者、受託者および受益者の合意により行うことが原則です（信法149①）。また、信託契約で別段の定め（信法149④）、例えば「受託者と受益者の合意がある場合に限り、信託の変更ができる」旨を定めることもできます。このような信託法の規定と異なる定めをしたにもかかわらず、その定めを信託目録に記載していなかった場合に、「受託者と受益者の合意で信託の変更をした」旨の登記原因証明情報を添付して、信託の変更の登記が申請されたとして、その申請は受理されるでしょうか。

登記官は、信託目録に記載されていない事項については、信託法の規定から登記を受理すべきか判断することになると考えられます。信託目録に信託の変更についての記載がない場合、登記官は信託の変更は原則どおり三者の合意によるべきと判断すると思います。そうすると、申請された信託の変更の登記が、受託者および受益者のみの合意によるものであれば、委託者の合意の欠けた信託の変更として、申請を却下せざるを得ないと考えられます。

信託の変更に限りませんが、将来の登記申請に支障が生じないように、信託目録に必要な事項を記載しておくことが重要です。

2　信託目録の変更登記について

信託目録の記載に変更があったときは、受託者は、遅滞なく、信託の変更の登記の申請をしなければなりません（不登法103①）。相続登記が義務化されることになりましたが、権利の登記は一般に対抗要件であり、登記の義務はありません。しかし、信託の変更の登記は、権利の登記では珍しく申請が義務化されています。

そして、信託の変更の登記は受託者の単独申請によります（委託者または受益者が受託者に代位してすることもできます（不登法103②、99））。

信託の変更の登記の添付書面は、登記原因証明情報（不登令7①五ロ）となります。その他、代理人による場合の代理権限証書や、申請人が法人の場合の資格証明書などは、通常の登記申請と同じです。

登記原因証明情報として何を添付するか、以下で検討します。

（1）委託者または受益者の表示の変更

委託者または受益者が自然人の場合、氏名または住所に変更があった場合は、氏名または住所の変更を証する書面、例えば戸籍、住民票などを登記原因証明情報として添付することになります。これは、通常の名義人住所変更などと同様です。

（2）受益権の譲渡による受益者の変更

家族信託では、あまり想定されていないと思いますが、受益権が譲渡されて受益者に変更が生じたとき、登記原因証明情報としてどのようなものを添付することになるのでしょうか。

これについて以前は、受益権の譲渡人と譲受人が作成した登記原因証明情報に両者が記名押印し、当該印鑑に係る印鑑証明書を添付する取扱いであったようですが（登記研究554号99頁「カウンター相談」）、平成22年11月24日民二第2949号民事局民事第二課長回答で変更したものと解する、つまり印鑑証明書の添付は不要との見解があります（横山亘著『信託に関する登記〔最新第二版〕』533頁・テイハン）。その一方で、最低限、権利を失う譲渡人については、印鑑証明書を添付する取扱いとする見解もあり注意が必要です（信託登記実務研究会編著『信託登記の実務〔第三版〕』474頁・日本加除出版）。

ただ、いずれの場合も、登記原因証明情報は譲渡人と譲受人で作成すべきとされています。上記『信託に関する登記』（543頁）には、「受益者の作成した情報でその申請は担保されるものと考えられ、必ずしも受託者が登記原因証明情報の作成に関与していることは必須とは思われない。」と記されています。

通常の登記申請は登記権利者と登記義務者の共同申請で、登記原因証明情報は両者が作成、または少なくとも義務者が作成する取扱いであり、登記の申請人が作成するものです。これに対して、受益権の譲渡による受益者の変更（信託の変更）登記の申請人は受託者ですが、登記原因証明情報は申請人ではない受益権の譲渡人と譲受人（新旧受益者）の作成による必要があります。

（3）委託者の地位が新受益者に移転した場合の委託者の変更

信託の終了の登記で検討しますが、登録免許税法7条2項の適用の関係から、変更が生じた場合を想定して、新受益者に委託者の地位を移転する旨の定めを信託契約に置くことが考えられます。その場合、受益者の変更登記とあせて委託者の変更登記をする必要があります。

この受益者の変更の登記原因（年月日受益権売買など）と、委託者の変更の登記原因（年月日変更）は、登記原因が異なるため、別の申請によることになると考えられます。もし、信託目録の信託条項に委託者の地位は新受益者に移転する旨の記載があれば、受益権の移転に伴い委託者の地位も移転したことが明らかですので、登記原因証明情報は（２）と同様になると考えられます（信託登記実務研究会編著『信託登記の実務〔第三版〕』481頁・日本加除出版）。

（４）その他、信託条項の変更

受託者の変更については後述しますが、委託者および受益者以外の、信託目録に記載されている信託条項に変更があった場合も、信託の変更の登記が必要となります。この場合、信託の変更の登記に添付する登記原因証明情報は、誰が作成することになるのでしょうか。

例として、信託契約の定めに基づき、受益者と受託者の合意により信託の変更が行われた場合を考えてみます。

信託の変更の登記の申請人は受託者ですが、登記原因証明情報の作成は必ずしも受託者による、または受託者のみで足りるとされていないことは（２）で述べたとおりです。

（２）の考え方を当てはめるなら、信託の変更に関与した者が、登記原因証明情報を作成するべきと考えられます。そうすると、この例では受益者と受託者が登記原因証明情報を作成することになります。

（５）信託の変更の登記の省略

最初に述べたように、信託の変更の登記は受託者の義務とされています。よって、信託登記が抹消される場合も、それまでに生じた変更について登記をする必要があると考えられます。

委託者の変更については、「中間省略ができない」という登記研究の質疑応答もあります（登記研究第832号175頁）。

信託の変更の登記を怠ったため、申請した登記が受理されないということがあり得ますので、注意が必要です。

3　受託者の変更について

信託目録の信託条項の変更とは異なりますが、前受託者の任務が終了して、後任の新受託者が就任することで、信託の内容に変更が生じることがあります。新受託者が就任すると、信託財産についての権利は、前受託者から新受託者に移転しますので、不動産の所有権が信託の対象である場合は、前受託者から新受託者への所有権移転登記を申請することになります。

所有権移転登記ですから、前受託者と新受託者の共同申請が原則ですが、受託者の死亡、後見または保佐開始の審判、破産手続開始の決定などで受託者の任務が終了したときは、新受託者への所有権移転登記は新受託者が単独で申請することができます（不登法100①）。この場合、前受託者の任務が終了したことを証する公務員が職務上作成した情報、例えば、受託者の死亡の記載のある戸籍、受託者について後見または保佐開始の審判書、破産開始の決定書と、新受託者が選任されたことを証する情報を添付します（不登令別表66）。その他、新受託者の住所証明書、代理人による申請の場合の代理権限証書は通常と同様です。

これに対して、受託者の辞任・解任や信託契約に定めた事由の発生による場合は、原則どおり前受託者と新受託者の共同申請となります。もっとも、解任された前受託者が登記申請に協力してくれないというケースも考えられます。

また、信託契約で「受託者が認知症になったら任務が終了する」と定めていたとき、認知症になったと何をもって判断するのか、という問題が生じます。また、前受託者に登記申請の意思能力がないとき、誰が申請するのかという問題もあります。

後見などが開始していなくても、判断能力を失った受託者を交代させたいという考えは理解できますが、実際の登記申請をどのようにするかというのは悩ましい問題です。

新受託者が就任したときは、信託目録の受託者も変更する必要がありますが、前受託者から新受託者への所有権移転登記がされたとき、信託目録の受託者については登記官が職権で信託の変更の登記を行います（不登法101）。ちなみに、受託者である登記名義人の氏名、住所等について変更の登記がされた場合も同様です。

なお、これには受託者である法人の合併は含まれていません。ですので、合併による権利移転の登記とあわせて、信託目録の受託者の変更登記を申請する必要があります。

第2　信託の終了、残余財産の帰属と登記

1　信託の終了と登記

まずは、信託が終了した時点で、信託財産に属する不動産の登記記録にどのような登記がされているかを確認しましょう。

信託契約の効力が生じ、委託者の所有する不動産が信託財産に属する財産として定められている場合は、委託者から受託者への所有権移転登記とあわせて信託の登記をしなければ、不動産が信託財産に属することを第三者に対抗できません（信法14）。

そして、受託者には、信託財産に属する財産を、自己の固有財産等に属する財産と分別して管理する義務が課せられています。この信託の登記は、不動産の分別管理の方法として信託法34条1項1号に規定されています。

受託者の分別管理の方法については、信託契約で別段の定めができる旨の規定がありますが（信法34①本文ただし書き）、信託の登記については、登記をする義務を免除できないと規定されています（信法34②）。つまり、受託者は、分別管理義務を果たすために、信託財産に属する不動産について必ず信託の登記をしなければならない

と考えられます。(なお、委託者から受託者への所有権移転登記と信託の登記は同時にしなければなりません(不登法98①))。

信託の登記では、不動産登記法97条1項各号に掲げるものが登記事項とされており、これらは信託契約の内容を公示するものとして信託目録に記録されます(不登法97③)。そして、信託目録に記録された事項に変更があった、例えば当初の受益者が次順位の受益者に変わった、信託の変更が行われ登記されていた契約の内容に変更があったなどの場合には、受託者は遅滞なく、信託の変更の登記をしなければなりません(不登法103①)。

以上のことから、信託が終了した時点で、信託財産に属する不動産の登記記録には必ず、受託者への所有権移転登記および信託の登記がされ、信託契約の内容を公示する信託目録が作成されていると考えられます。

記録例1は登記記録の例です。

これらの登記がされた不動産について、信託が終了した後、どのような登記を行うかについてですが、信託終了後のことを簡単に時系列で確認すると、ⅰ信託の終了、ⅱ受託者による清算事務(帰属権利者等への残余財産の給付)、ⅲ清算の結了と大きく3つの段階があります。順を追って解説していきます。

記録例１

権利部（甲区）（所有権に関する事項）			
順位番号	登記の目的	受付年月日・ 受付番号	権利者その他の事項
２	所有権移転	令和○年７月１日 第何号	原因　令和○年７月１日 売買 所有者　何市何町何番地 甲
３	所有権移転	令和×年８月１日 第何号	原因　令和×年８月１日 信託 受託者　何市何町何番地 乙
	信託	余白	信託目録第何号

信託目録		調整　余白
番　号	受付年月日・受付番号	予　備
第何号	令和×年８月１日 第何号	余白
１委託者に関する事項	何市何町何番地　　甲	
２受託者に関する事項	何市何町何番地　　乙	
３受益者に関する事項等	受益者　何市何町何番地　　甲	
４信託条項	信託の目的　・・・・・・・ 信託財産の管理方法　・・・・・・・ 信託の終了事由　・・・・・・・ その他の信託の条項　・・・・・・・	

（1）信託の終了時

信託は、信託法163条各号に規定された事由の発生、信託法164条1項の委託者および受益者（または信託契約で定められた者）の合意などにより終了します。

信託契約を締結した時点で当事者が想定しているのは、主に、委託者および受益者（または信託契約で定められた者、例えば受益者と受託者）の合意によるものか、信託法163条9号の「信託行為において定めた事由が生じたとき」（例えば委託者の死亡や受益者の死亡など）によるものが多いと思います。

ところで、「信託の終了事由」は信託契約の内容として信託目録に記録されていますが、その終了事由が発生して信託が終了したこと自体は登記事項となっていません。法人が解散したとき、法人の登記記録には解散の登記がされます。信託でも、限定責任信託の場合は、信託財産に不動産が属しているか否かにかかわらず、その信託自体の登記をしなければなりません。

しかし、要件の厳しい限定責任信託は、家族信託では一般的に採用されていませんので、家族信託では信託自体の登記記録はない、したがって終了の登記もないということになります。そして、法人が解散しても法人の所有する不動産に法人の解散についての登記がされないのと同様に、信託も終了自体は不動産に登記されません（**記録例1**の登記記録から変化はないということになります。）

では、信託が終了した時点で、不動産においては何も登記をする必要はないのでしょうか。

信託が終了した場合も、清算結了までは信託は継続するものとみなされます（信法176）。ですので、信託の終了前と同様に、受託者は登記事項に変更があった場合、信託の変更の登記をしなければならないと考えられます。

そうすると、例えば、契約に「委託者の死亡で信託が終了する」

と定めのある信託で委託者が死亡した場合、終了自体の登記をする必要はないものの、委託者の死亡により他の者が委託者の地位を承継したときは、委託者について変更の登記をするべきと考えられます（委託者や受益者の死亡により信託が終了したときに、委託者や受益者の地位、受益権はどうなるのかという論点はあります。）。

その他、終了してから清算が結了するまでに、信託目録に記録された信託契約の内容について変更があった場合も、受託者は信託の変更の登記をすることになります。

なお、信託が終了したことは、帰属権利者等への残余財産の給付が行われたことによる所有権移転および信託登記の抹消の登記の添付情報である登記原因証明情報で明らかにする必要があります。

客観的に判断することが難しいことを終了事由として信託契約で定めていた場合、例えば、信託契約に「○○が認知症になったら終了する」とのみ定めてあった場合、何をもって認知症になったと判断するのかが不明確で、そもそも終了事由が発生したといえるのか疑義が生じます。その結果、帰属権利者への所有権移転および信託登記の抹消の登記に添付する登記原因証明情報でそのことを明確に表せなければ、登記が受理されないということも起こり得ます。終了自体は不動産の登記記録に登記される事項ではありませんが、残余財産の給付の登記に影響を及ぼすといえます。

（2）受託者による清算事務（帰属権利者等への残余財産の給付）

信託が終了すると、清算受託者は、ⅰ現務の結了、ⅱ信託財産に属する債権の取立ておよび信託債権に係る債務の弁済、ⅲ受益債権（残余財産の給付を内容とするものを除く）に係る債務の弁済、ⅳ残余財産の給付の職務を行います（信法177）。

ⅰからⅲまでに関する登記については、例えば、清算において信託財産に属する不動産があるとき、それを売却換価して代金を帰属権利者等に給付する旨の定めのある信託で、これに基づき受託者が不動産を売却したときの、「信託財産の処分」を原因とした、買主に対する所有権移転および信託登記の抹消の登記が考えられます。

もっとも、「信託財産の処分」を原因とする登記は、信託終了前にも行われる登記です。登記申請に添付する登記原因証明情報に信託が終了したこと等を記載する必要がありますが、その他の部分は終了後であるからといって特別異なる部分はないと思います。

一方で、ⅳについては、不動産が残余財産であるときは、その不動産について「信託財産引継」を原因として、受託者から帰属権利者等に対する所有権移転および信託登記の抹消の登記を行うことになります。この登記は信託終了後の特徴的な手続きといえます。

この特徴的な登記手続には、いくつかの論点が存在しますが、後述します。

記録例2は、この登記がされた場合の登記記録の例です。

（3）清算結了

受託者が**（2）**の清算事務を遂行するにあたり、第三者への売却、または、帰属権利者への給付等を行った結果、信託財産に属する不動産は存在しないことになります。登記記録上も、それぞれの者への所有権移転登記と同時に信託の抹消登記となりますから、信託の登記は現に効力を有する登記として存在していないことになります（**記録例2**参照）。

したがって、受託者が職務の終了後、清算事務に関する最終の計算を行い、終了時の受益者および帰属権利者が承認をすれば、清算は結了します（信法184）。この清算の結了は、不動産の登記記録に登記する必要はありませんし、そもそもできません。

法人が解散して清算が結了したとき、法人の登記記録には清算が結了した旨を登記しますが、清算が結了したということは、法人所有の不動産は存在していないはずですので、清算の結了は不動産の

記録例２

権利部（甲区）（所有権に関する事項）			
順位番号	登記の目的	受付年月日・ 受付番号	権利者その他の事項
２	所有権移転	令和〇年７月１日 第何号	原因　令和〇年７月１日 売買 所有者　何市何町何番地 甲
３	所有権移転	令和×年８月１日 第何号	原因　令和×年８月１日 信託 受託者　何市何町何番地 乙
	信託	余白	信託目録第何号
４	所有権移転	令和△年７月１日 第何号	原因　令和△年７月１日 信託財産引継 所有者　何市何町何番地 Ａ
	３番信託 登記抹消	余白	原因　信託財産引継

信託登記は抹消により下線

所有権移転及び信託登記の抹消の登記

信託目録		調整　余白
番　号	受付年月日・受付番号	予　備
第何号	令和×年８月１日 第何号	信託抹消 令和△年７月１日 受付第何号抹消
１ 委託者に関する事項	（省略）	
２ 受託者に関する事項	（省略）	
３ 受益者に関する事項等	（省略）	
４ 信託条項	（省略）	

信託目録にも信託登記は抹消された旨が記録

登記記録に登記する必要もありませんし、できないということになります。

2　残余財産の帰属に関する登記

前述したとおり、信託が終了して帰属権利者等に残余財産が帰属したことに関する不動産の登記については、いくつかの論点が存在しますので紹介します。

（1）帰属権利者等の定め方との関係

残余財産は、信託契約で指定された残余財産受益者または帰属権利者に帰属します（信法182①）。信託契約に定めがない場合、または指定された残余財産受益者または帰属権利者が権利を放棄した場合は、委託者またはその相続人を帰属権利者と指定する旨の定めがあったものとみなされます（信法182②）。それでも帰属権利者が定まらない場合は、残余財産は清算受託者に帰属します（信法182③）。

前述のとおり、一般的に家族信託では残余財産受益者ではなく、帰属権利者を指定することが多いと思います。以下では、信託契約で帰属権利者が指定されていたケースで、その定め方と登記手続の関係を検討します。

①　信託契約の定めが「本信託の帰属権利者にAを指定する」

このような定めがされていた場合、信託財産に属する不動産がAに帰属することは明確ですので、登記権利者をA、登記義務者を受託者として、受託者から帰属権利者Aに対する所有権移転および信託登記の抹消の登記を行います。

②　信託契約の定めが「本信託の帰属権利者にAおよびBを指定し、最終的な帰属はAおよびBの協議により決定する」（協議の結果Aが取得）

このような定めがされていた場合、この定めには2通りの解釈が考えられます。

ア　不動産の所有権は受託者からABに移転して（共有）、ABの協議（共有物分割の協議）により、Bの持分がAに移転した。

イ　不動産の所有権の全部が受託者からAに移転した。

アの場合、受託者からABへの所有権移転および信託登記の抹消の登記を行い、続いて、共有物分割によるBからAへの持分移転登記を行うことになります。（持分については判然としませんので、相等しい、つまり各2分の1と考えられます。（民法250））。しかし、ABに所有権が移転した時点で課税の対象になるとして、さらにB持分をAに移転した時点でも課税の対象となるおそれがあります。登記手続においても、1件目は不動産の価格の全体を、2件目は価格の2分の1を基準として算出した登録免許税の納付が必要となります。

よって、信託の契約当事者は、課税も登記も1回で済む**イ**の解釈で契約をしているとも考えられますが、実体法上そのように解釈できるか疑義が生じ得ます。登記においても登記官から**イ**で解釈してもらえない、したがって登記も**イ**の方法でできないというおそれがあります。

なお関連して、**イ**のように解釈された場合で、AB間の協議が調わないとき、民事調停（遺産分割調停ではありません）の申立てが考えられますが、調停が不成立となった場合、次にどのような法的手続を選択するべきか、現時点でははっきりしていません。

③ ②の定めに加えて「ABの協議の効力は本信託の終了時（委託者兼受益者の死亡時）に遡及する」

帰属権利者についての協議に、遺産分割のような遡及効を持たせる定めを置いた場合です。この文言のとおり解釈するならば、AB間でAが取得すると決定した協議の効力が信託の終了時に遡ることで、②のアのように一旦ABの共有になったとの解釈を最終的には回避できるとも考えられます。また、委託者または受益者の死亡により終了している場合は、これらの者の死亡と残余財産の帰属が時間的に連続することとなり、委託者または受益者の遺産について分割協議を行ったことと類似の状態が作り出されると考えられます。

しかし、この協議の効力を契約で任意に遡らせることができるかについては、検討が必要です。一般的に契約などの効力発生時期を当事者の合意により遡らせることは「遡及適用」などと呼ばれ、契約自由の原則から可能と解されています。しかし、債権的な効力については当てはまるとしても、残余財産の帰属は、所有権が帰属権利者に移転するという物権変動を伴います。この物権的な効力の発生時期まで任意に遡及させることができるのかははっきりしません。物権変動の時期を契約の後にする、例えば、売買契約で「代金全額の支払いがあったときに所有権は移転する」旨の特約は有効とされていますが、時期を遡らせる「所有権は1か月前に移転したものとする」という特約が有効かどうかは定かでないことと同様です。

遡及できるとなると、登記上、以下のような問題が生じる可能性があります。

権利部（甲区）（所有権に関する事項）			
順位番号	登記の目的	受付年月日・ 受付番号	権利者その他の事項
2	所有権移転	令和○年7月1日 第何号	原因　令和○年7月1日 　　　売買 所有者　何市何町何番地 　　　甲
3	所有権移転	令和×年8月1日 第何号	原因　令和×年8月1日 　　　信託 受託者　何市何町何番地 　　　乙
	信託	余白	信託目録第何号
4	所有権移転	令和△年5月7日 第何号	原因　令和△年5月1日 　　　受託者死亡 受託者　何市何町何番地 　　　丙

信託財産に属する不動産の登記記録が上記、生じた事実が下記だとします。

ⓘ 令和△年4月1日　委託者兼受益者甲が死亡し信託が終了

ⓘⓘ 令和△年5月1日　受託者乙が死亡し、新受託者丙が就任

ⓘⓘⓘ 令和△年6月1日　残余財産の給付を除く受託者の清算事務が完了

ⓘⓥ 令和△年7月1日　ABの協議の結果、Aを帰属権利者と決定

＊ただし、協議の効力は終了時に遡及する定めがある

そうすると、Aが不動産の所有権を取得した時期はⓘの時点（受託者は乙）となりますので、Aへ残余財産の帰属の登記として、現在の受託者丙からAへの所有権移転登記を申請すると実体上の物権変動と合致しないことになります。遡及するならばAは受託者乙から残余財産を取得したことになるからです。これでは、現在の受託者丙からAへの所有権移転登記（および信託登記の抹消）は受理されないおそれがあります。

民法909条が遺産分割に遡及効を認めたのは、相続人が遺産を、相続開始後には存在しない被相続人から直接取得したという形式をとることが目的の一つだとされているようです。しかし、信託の場合、委託者や受益者の死亡により終了したときでも、帰属権利者は残余財産を、委託者や受益者の死亡後も存在する受託者から取得します。そもそも帰属権利者を決める協議の効力を、遺産分割協議と同様に遡及させる必要があるのかということも含めて、今後も検討が必要と考えられます。

④ 信託契約の定め「本信託の残余財産の帰属は、AおよびB（死亡した委託者兼受益者の相続人全員）の遺産分割協議により決定する」（委託者の死亡で信託が終了）

不動産を信託財産とした場合、不動産の所有権は委託者から受託者に移転します。つまり、その時点で委託者の財産からは離脱していますので、委託者が死亡したときにその不動産は委託者の遺産を構成しません。よって、民法の相続法の規律に従った委託者の遺言や、相続人全員による遺産分割協議の対象になりません。帰属権利者は残余財産を、死亡した委託者（または受益者）から相続により取得するのではなく、受託者から取得します。

したがって、帰属権利者を委託者や受益者の相続人の遺産分割協議で決定する旨の定めは、無意味な定めとして効力を有しないおそれがあります（「遺産分割協議」を②の「協議」の意味と解釈される余地はあるかもしれません）。この定めが効力を有しないのであれば、当然、この定めに基づく登記もできません。

⑤「本信託の帰属権利者は、甲（委託者兼受益者）が遺言で指定する」

④で述べたように、信託財産は委託者の遺産ではありませんので、委託者が「信託財産は相続人Ａに相続させる」「遺贈する」という内容で遺言を作成しても、信託財産に効力は及ばないと考えられます。

その一方で、この⑤のような内容を信託契約に定めたうえで、甲が「○年○月○日○○法務局所属公証人○○作成○年第○号家族信託契約公正証書の第○条の帰属権利者にＡを指定する」という内容の遺言を作成した場合はどうでしょうか。

信託法182条１項２号の帰属権利者の指定方法については、信託契約で特定の者を指定する場合に限らず、特定の地位や資格のある者を指定する場合や、指定権を第三者に付与してその第三者が指定権を行使することで定まる場合があると解されています（道垣内弘人編著『条解 信託法』788頁・弘文堂）。

そうすると、委託者が遺言で帰属権利者を指定することも可能と考える余地はあると思います。これは民法の相続法の規律に従い、残余財産を帰属権利者が委託者から相続または遺贈で取得したのではなく、（指定の方法である遺言の様式は民法の規律に従いますが）あくまで信託法の規定に従って、受託者から取得したことになります。

これについては、信託法89条の受益者指定権等の規定との関係が問題となります。

信託契約で受益者を指定または変更する権利（受益者指定権等）を有する者を定めることができます。しかし、これは「受益者」を指定する権利であり、「帰属権利者」についても適用できるかについては、信託法に明文の規定はありません。

もっとも、「帰属権利者を遺言で指定する」という信託契約の定めを、信託法182条に基づく定めと解釈して、信託法89条が帰属権利者を含んでいないことと無関係に置くことができるという考えもあり得るでしょう。

しかし、結果的に明文の規定がないにもかかわらず、受益者指定権の行使による指定と同じことができてしまうことには疑問もあります。

もし、この⑤の定めに則って帰属権利者の指定ができるのであれば、当然、遺言で指定された者（帰属権利者）への所有権移転および信託の登記の抹消の登記もできることになります。この方法がとれると選択の幅が広がりますが、はっきりしていない部分がありますので、なお検討が必要です。

以上のように、帰属権利者については信託契約の定め方によって、様々な解釈が可能になったり、実行不可能になったりして、無用なトラブルを招くことになりかねません。はっきりしていない点もありますので、帰属権利者の定め方には十分な注意が必要です。

（2）受益者の死亡により終了した信託で、受託者が残余財産の帰属権利者となる場合の登記

委託者兼受益者の死亡により信託が終了して、受託者が残余財産の帰属権利者に指定されていた場合、残余財産に不動産があれば、受託者に帰属させる登記を行うことになりますが、この手続きの方法については法務省から先例等の見解が示されておらず、法務局によって異なる取扱いがされている模様です。

登記手続の論点は、下記のとおりです。

ⅰ 登記の目的について ・「所有権移転」か「変更（受託者の固有財産となった旨の登記）」か ⅱ 登記原因について ・「委付」か「信託財産引継」か ⅲ 申請人について ・受託者（帰属権利者）の単独申請か ・受益者の相続人全員を登記義務者とする共同申請か ⅳ 登録免許税の税率（所有権移転または変更の部分について） ・1000分の20（登録免許税法7条2項に該当するなら1000分の4）か ・不動産1個につき1,000円か

①　登記の目的と登記原因について

信託財産は受託者に属していますので、受託者が帰属権利者として信託財産の残余財産を取得したとしても、その前後で権利の主体には変わりがないことになります。

登記記録例（平成28年6月8日付法務省民二第386号民事局長通達）の「信託財産を受託者の固有財産とした場合（564）」では

登記の目的　受託者の固有財産になった旨の登記 原　　　因　　　年　　月　　日委付

の振合いで登記が記録されています。受託者が信託財産を固有財産で取得した前後で、財産の権利の主体に変わりはないので権利の移転（所有権移転登記）ではありません。

しかし、信託財産から受託者の固有財産に性質が変更されたことを公示する必要があるため、変更登記（受託者の固有財産になった旨の登記）を行っているものと考えられます。また、不動産登記法104条の２第２項は、信託財産に属する不動産が受託者の固有財産に属する財産となる登記を「権利の変更の登記」として規定しています。

ところで、登記記録例では登記原因に「委付」という用語が使われていますが、この用語は信託法にありません。「委付」という用語が使われている登記先例（昭和37年２月８日付民事甲第271号民事局長電報回答）は、委託者が信託財産を受託者に固有財産として取得させれば、委託者の受託者に対する金銭債務を免れる旨の信託条項に基づき、信託財産に属する不動産を受託者の固有財産とする登記についてのものです。

契約条項では委託者が債務を免れるために受託者に不動産を取得させることを「委付」と称し、登記の原因も「信託財産委付による信託登記抹消」としています（もっとも、上記先例は信託登記の抹消のみをすればよいかという照会に対して、受託者の固有財産となった旨の変更登記を同時に行うべきというものが回答の趣旨となっています）。

信託財産が受託者の固有財産となった旨の登記の登記原因は常に「委付」となるかという点について、横山亘著『信託に関する登記〔最新第二版〕』（589頁・テイハン）には、「委付とは、本来、委付条項に基づき委付行為を行った場合に用いられるべき用語であり、それ以外の原因により信託財産が受託者に帰属するのであれば、「信託財産の処分」「信託財産の引継」等の原因を用いることが相当であると考える」と記されています。

残余財産を受託者以外の帰属権利者が取得したときの登記原因は「信託財産引継」であり、帰属権利者が受託者であったとしても、帰属権利者として取得したことに変わりはありません。この場合も「信託財産引継」を登記原因とすることが適当と考えられます。

以上のことから、残余財産を受託者帰属させる登記の目的と登記の原因は、下記のようになると考えられます。

登記の目的	受託者の固有財産となった旨の登記および信託登記の抹消
原　　因	権利の変更　　　年　　月　　日　信託財産引継 信託登記抹消　信託財産引継

②　登記の申請人について

受託者以外の者に残余財産である不動産が帰属した場合は、帰属権利者を登記権利者、受託者を登記義務者として登記の申請をします。

では、受託者に残余財産が帰属する場合の登記申請は、登記権利者が帰属権利者たる受託者であることに問題ありません。一方で、登記義務者については、不動産登記法の下記の規定をどう解釈するか検討が必要となります。

◆不動産登記法 104 条の２第２項２号

「不動産に関する権利が信託財産に属する財産から固有財産に属する財産となった場合　…　登記権利者 受託者　登記義務者 受益者」

今検討している事例は、委託者兼受益者の死亡により終了した信託ですので、信託の終了後、残余財産である不動産を受託者に帰属させる登記申請をする時点で、「登記義務者 受益者」はいったい誰なのかということが問題となり、考えもいくつか出てくると思います。

１つは、死亡した受益者の相続人全員が登記義務者となるという考え方です。

権利の移転や変更は、対象となる権利の登記名義人が登記義務者となることが登記の原則です。この原則に従えば、受託者が登記義務者となります。

しかし、不動産登記法104条の2第2項2号は、登記名義人でない受益者を登記義務者としています。このような特則を設けたのは、受益者は「信託財産を受託者の固有財産とすることによって不利益（潜在的所有権を失う）を受ける者」とされているためです（香川保一著『新訂 不動産登記書式精義下巻（一）』528頁・テイハン。ただし、旧不動産登記法における委託者に関する記述）。信託財産から利益を受けるべき受益者を申請に関与させるほうが、受託者の単独申請によることと比べて、登記の真実性の担保と受益者の利益保護に資すると考えられます。

では、残余財産から利益を受けるべき者は誰かというと、帰属権利者に他なりません。帰属権利者の利益を保護できれば、不動産登記法104条の2第2項2号が特則として規定されている目的は達成されると考えられます。また、逆に、受益者の相続人の中に、信託契約の定めにより信託財産から利益を受けない（保護すべき利益を有していない）者がいたとして、その者までもがこの登記申請に関与しなければならないのであれば、登記申請に不動産登記法が意図した以上の負担をかけることになり、不公平な結果となりかねません。

もし、信託契約に帰属権利者ではなく残余財産受益者の定めがあったとすると、残余財産を受託者に帰属させる登記申請をする時点で残余財産「受益者」が存在するため、不動産登記法104条の2第2項2号の解釈の問題は生じないとも考えられます。

帰属権利者は、信託が終了すると、清算結了まで受益者とみなされます（信法183⑥）。これにより、残余財産の給付を受ける権利に加えて、終了前に有していなかった受益者の権利（受託者を監督する権利、信託の変更に同意する権利など）を付与することで、帰属権利者と残余財産受益者の有する権利の内容は同じになった、つまり、帰属権利者が信託の終了後の実質的な受益者になったとも考えらえます。

以上のことから、不動産登記法104条の2第2項2号の「受益者」は帰属権利者たる受託者であり、残余財産を受託者に帰属させる登記の申請人は、受託者の単独申請となる（ただし、登記の性質から登記権利者および登記義務者両方の立場）と考えられます。

③　登録免許税について

この登記の登録免許税について、信託登記抹消は不動産1個につき1,000円となります。変更部分については、一部の法務局において、他の変更登記と同様に不動産1個につき1,000円で受理された登記申請もあるようですが、実質的には信託財産から受託者の固有財産への権利の移転と考えられますので、不動産の価格の1000分の20が適切です（横山亘著『信託に関する登記〔最新第二版〕』590頁・テイハン）。

なお、この場合の税率は、登録免許税法7条2項に該当すれば、不動産価格の1000分の4となります（これは、受託者以外の帰属権利者への移転登記も同様です）。

◆登録免許税法7条2項（信託財産の登記等の課税の特例）

信託の信託財産を受託者から受益者に移す場合であつて、かつ、当該信託の効力が生じた時から引き続き委託者のみが信託財産の元本の受益者である場合において、当該受益者が当該信託の効力が生じた時における委託者の相続人であるときは、当該信託による財産権の移転の登記又は登録を相続による財産権の移転の登記又は登録とみなして、この法律の規定を適用する。

※カッコ書きは省略

やや難解な内容の条文で、該当性についてはいろいろと議論がされてきました。

該当する要件を条文から抜き出すと、ⅰ信託財産を受託者から受益者に移すこと、ⅱ信託の効力発生時から委託者のみが受益者であること、ⅲⅰの受益者が信託の効力発生時の委託者の相続人であることとなります。

これについては、国税局から参考となる回答が２つ出されています。

ア 東京国税局文書回答事例（平成29年6月22日）

事例の概要は、信託契約に、契約当初の委託者兼受益者が死亡したとき、次に受益権を取得する者についての定めがあり、委託者の地位は受益権を取得する者に移転し、信託が終了したときは終了時の受益者に、信託財産である不動産の所有権が移転するというそれぞれ定めがあるというものです。そして、終了時の受益者が当初の委託者の相続人であれば、登録免許税法７条２項の適用があるとされました。

これにより、当初の委託者兼受益者が死亡したとき、次の受益者に委託者の地位を移転させれば、「信託の効力発生時から委託者のみが受益者であること」の要件を満たすことが明らかになったと考えられます。

イ 名古屋国税局文書回答事例（平成30年12月18日）

事例の概要は、信託契約に、当初の委託者兼受益者が死亡すると信託は終了し、委託者の地位は帰属権利者が取得する定めがあるというものです。そして、帰属権利者が当初の委託者の相続人であれば、登録免許税法７条２項の適用があるとされました。

この事例は、残余財産を取得するのは終了時の受益者ではありませんが、帰属権利者は信託の清算中は受益者とみなされることから（信法183⑥）、帰属権利者が、要件である「信託財産を受託者から受益者に移転すること」、「信託の効力発生時から委託者のみが受益者であること」の「受益者」に該当すると判断されたと考えられます。

家族信託では、当初の委託者兼受益者の相続人が残余財産を取得すると定めたものがほとんどだと思われます。この場合、登録免許税法７条２項の適用を受けるために、国税局の２つの回答事例から、信託契約に下記のような定めを置き、信託目録にも記載しておくことが必要と考えられます。

第○条　本信託において、委託者の地位は、本契約第○条の定めにより、受益権を取得した者に移転する。

第○条　本信託が終了したとき、委託者の地位は、本契約第○条で帰属権利者に指定された者に移転する。

残余財産が受託者に帰属するときの登記手続について検討してきましたが、冒頭で触れたとおり、法務省から先例等は出されておらず、法務局によって取扱いが異なる状況ですので、実際に登記申請をする場合は、上記検討を参考に法務局と事前に協議をしてください。

以上、信託の変更と終了の登記の概論について検討してきましたが、ここで検討した以外の登記手続についての論点については、**第２章**の事例別の検討の中で触れたいと思います。

◎◎税務面からの検討

第1　信託課税の基本

ここからは、信託にかかる課税の仕組み等について説明します。

全体の構成としては、はじめに信託課税全般の基本的な考え方について説明したうえで（1）、信託課税でよく議論される相続税・贈与税関係について説明をします（2）。

そのうえで税務上における「受益者連続型信託」について説明を行い（3）、全体に共通するテーマとして税務面における受託者の事務を解説します（4）。

そして、税務の論点のひとつである特定委託者を取り上げ（5）、家族信託の終了とそれに伴う税務の問題点、特に相続税の債務控除のことなども取り上げます（6）。

家族信託では「受益者等課税信託」が中心となりますので、主に受益者等課税信託について説明を進めます。

1　信託課税の考え方

(1) 信託課税のカテゴリー

信託の課税は、平成19年度において大幅な改正が行われました。その時に信託の種類およびその内容により信託は3つのグループに分けられる一方で、受益者の定義についても見直され「みなし受益者」概念が取り入れられました。さらに、受益者等の存しない信託については、受益者に法人課税を行うという考え方が採用されました。

３つのグループとは､「受益者等課税信託」「集団投資信託等」「法人課税信託」のことです。この中で家族信託に関係のある「受益者等課税信託」について解説します。

(2) 受益者等課税信託

信託の課税の基本は、所得税法 13 条 1 項および法人税法 12 条 1 項で、受益者等課税信託としています。その中で、税法上の受益者は、信託上の受益者の中の「受益者としての権利を現に有する者に限る」と限定されました。逆に「受益者としての権利を現に有していない者」は、税法上の受益者には該当しないということになりました。

また、所得税法 13 条および法人税法 12 条 2 項で、受益者以外の者であっても、「信託の変更をする権限を現に有し、かつ、当該信託の信託財産の給付を受けることとされている者」は税法上の受益者とみなすこととし、受益者の範囲を広げ「みなし受益者」の概念が取り入れられました。相続税法では「特定委託者」という概念がこれに該当します。

税法上の受益者	＝	信託法上の受益者	＋	みなし受益者
（受益者等）				（特定委託者）

そして、課税は受益者等に対して、発生時に行うと定められました。

受益者等課税信託は、以下の「集団投資信託等」「法人課税信託」以外の信託をいいます。

(3) 集団投資信託等

集団投資信託等とは、「集団投資信託」、「退職年金等信託」および「特定公益信託等」であり、課税は受益者に対し、発生時に行うと定められました。

(4) 法人課税信託

法人課税信託には､「受益証券発行信託」「受益者が存しない信託」「法人が委託者となる信託で一定のもの」｢投資信託」｢特定目的信託」の５項目が該当することとされ、信託設定段階で受託者に対して法人税課税を行うこととされました。家族信託では信託設定段階で課税されてしまうと、二重課税になることもあるので、「受益者が損しない信託」には該当しないように慎重に設計する必要があります。

例えば､まだ生まれていない孫を受益者にしてしまうケースです。受益者の存しない信託として設定すると、受託者に対し受贈益に法人税が課税され（法法２二十九の二)、その信託の受益者等となる者が委託者の親族（孫）であった場合には、受託者にさらに贈与税（相続税）が課税されます（相法９の４)。「受益者等が存しない信託」に該当しないように設計することが重要です。

2　受益者等課税信託の課税の概要

(1) 考え方

何度も申し上げますが、家族信託で最も多く採用される信託の種類として想定されるのが、受益者等課税信託です。信託を設定した場合、その信託財産の所有権は法律的には受託者に移転し、受託者の固有財産とは分別して管理されます。しかし租税法上は、その経済的な利益が帰属する受益者等への課税を目的に、信託財産が受益者等に帰属するものと擬制して基本的な整理がされています（所法13①、法法12①、相法9の2）。

(2) 財産移動の基本的な課税関係

① 課税関係が生じない場合

単独自益信託（委託者兼受益者等）の場合は、租税法上は信託財産の帰属者が移転前後で、同一の者とみなすため、信託財産の移転に伴う課税関係は生じません。

② 課税関係が生じる場合

信託設定時の委託者と受益者等が異なる場合（他益信託）や、信託終了時の受益者等と残余財産受益者等が異なる場合は、信託財産が他の者に移転するものとみなして課税が行われることになります。

(3) 信託終了時の受益者等と残余財産の帰属者が同じ場合

信託の終了時には、その終了直前の受益者等と残余財産の帰属者との関係により課税関係を整理します。残余財産の給付を受ける者が終了直前の受益者等と同じ場合には、実質的な信託財産の移転はないため、課税関係は生じません。

(4) 信託終了時の受益者等と残余財産の帰属者が異なる場合

残余財産の給付を受ける者が終了直前の受益者等と異なる場合には、その受益者等から残余財産の帰属者へ信託財産の移転があったものとみなし、課税関係が生じます。

(5) 受益者等の変更があった場合

信託期間中に受益者等の変更があった場合(対価の支払いがない場合)には、その変更前後の受益者等の関係による課税関係が生じます。この場合の課税関係は以下の「他益信託の設定時の基本的な課税関係」の表中、「委託者」を「前受益者等」に、「受益者等」を「新受益者等」に読み替えて整理することができます。

◆他益信託の設定時の基本的な課税関係

委託者と受益者等との関係	信託設定時に対価の支払いがない場合の課税関係
委託者 個人A 受益者等 個人B	委託者 課税関係なし 受益者等 みなし贈与
委託者 個人 受益者等 法人	委託者 みなし譲渡 受益者等 受贈益課税
委託者 法人 受益者等 個人	委託者 寄附金課税、譲渡損益 受益者等 受贈益課税(一時所得等)
委託者 法人A 受益者等 法人B	委託者 寄附金課税、譲渡損益 受益者等 受贈益課税 グループ法人税制の適用あり

- みなし譲渡課税とは、所得税法59条に規定されており、個人が法人に対して時価の2分の1未満で譲渡した場合には、時価で譲渡したものとみなして所得税を課税するというものです。
- みなし贈与課税とは、相続税法9条に規定されており、個人と個人との間で無償または時価よりも低い価額で譲渡が行われた場合、譲り受けた個人に対して贈与税を課税するというものです。
- グループ法人税制とは、100%の資本関係にある内国法人間で行われる一定の資産譲渡、寄附、配当、株式の発行、法人への譲渡等につき、税務上は損益を認識しない仕組みをいいます。

◆信託の終了時の課税関係

〔受益者等とは異なる帰属権利者の指定がある場合〕

委託者と受益者等との関係	信託終了時に対価の支払いがない場合の課税関係
委託者　個人Ａ 残余財産帰属権利者　個人Ｂ	委託者　課税関係なし 残余財産帰属権利者　みなし贈与
委託者　個人 残余財産帰属権利者　法人	委託者　みなし譲渡 残余財産帰属権利者　受贈益課税
委託者　法人 残余財産帰属権利者　個人	委託者　寄附金課税、譲渡損益 残余財産帰属権利者　受贈益課税（一時所得等）
委託者　法人Ａ 残余財産帰属権利者　法人Ｂ	委託者　寄附金課税、譲渡損益 残余財産帰属権利者　受贈益課税 グループ法人税制の適用あり

３　受益者等課税信託と法人課税信託の接点（受益者等が現に存在しない場合）

いわゆる目的信託（受益者の定めのない信託（信法258①））のように受益者等が存在しない信託や、受益者等としての権利を現に有する者（みなし受益者等または特定委託者を含む）が存在しない信託は、法人課税信託となり、受託者（受託者が個人である場合には法人とみなされる）に法人税が課税されることとなります（法法４の６①）。そのうえで、受益者等が存在することとなった時点で受益者等課税信託となります。

なお、受益者等としての権利を現に有する者が存在しない信託としては、一般的には次の類型が考えられます。

ⅰ　目的信託
ⅱ　停止条件または効力発生の始期が付されている信託
ⅲ　受益者の特定されていない信託

例えば生まれていない孫を受益者にするような場合、受益者等が現に存在しない信託に該当するため、受託者（受託者が個人以外の場合でも個人とみなされる）に対する受贈益について相続税もしくは贈与税が課税されます（相法9の4）。そして、将来委託者の孫（親族等）が受益者等となる信託については、孫に対しても贈与税が課税されるという特例措置が設けられています（相法9の5）。受託者に課税され、受益者にも課税が行われることになります（孫への課税は、受託者への法人税等が控除される）。実務上このような信託を設定する際には慎重に検討する必要があります。

4　受益者等課税信託のまとめ

(1) 信託財産に属する資産および負債ならびに収益および費用の帰属

受益者等に帰属するものとみなします（所法13①、法法12①）。

(2) 受益者等の範囲

受益者としての権利を現に有する者に加え、みなし受益者が含まれます（所法13②、所令52 、法法12②、法令15）。

(3) 信託財産に帰せられる収益および費用の帰属時期

各受益者等の所得の計算期間に帰属するものとして計算します（所基通13-2、法基通14-4-2）。

(4) 受益者等が複数いる場合

その受益者等の有する権利の内容に応じて、信託財産に属する資産および負債ならびに収益および費用がそれぞれの受益者に帰属するものとされます（所令52④、法令15④）。受益者等の有する権利が一部にとどまる場合であっても、残余の部分の権利を有する者が存在しないまたは特定されていないときには、その受益者等がすべての権利を有する者とみなします（所基通 13-1、法基通 14-4-1）。

(5) 所得の計算

所得計算は総額法により計算し、分配された損益を収益および費用の額に区分します（所基通 13-3、法基通 14-4-3）。

(6) 資産の移転

自益信託で受益者が単一の場合の資産の移転については、資産の譲渡または取得に該当しません（所基通 13-5、法基通 14-4-5）。

(7) 受益権の譲渡

信託の目的となっている信託財産に属する資産および負債が譲渡または取得（移転）されたものとみなします（所基通 13-6、法基通 14-4-6）。

(8) 信託損失

信託ごとに損益を予想してから設定する必要があります。

①　受益者等が個人の場合

信託から生じた不動産所得の損失の金額は生じなかったものとし、翌年分以降に繰り越すこともできません（措法 41 の 4 の 2①）。

②　受益者等が法人の場合

一定の場合には、信託から生じる損失の金額について、損金算入に制限が設けられています（措法 67 の 12①）。

(9) 申告書の添付書類

① 受益者等が個人の場合

信託から生じる不動産所得を有する個人は、信託ごとにその総収入金額および必要経費の額を記載した内訳書を添付する必要があります（措令26の6の2⑥、措規18の24②)。

② 受益者等が法人の場合

原則として、法人税の確定申告書に、信託ごとの損失の額等を計算するための別表九（二)「組合事業等による組合等損失額の損金不算入又は組合等損失超過合計額の損金算入に関する明細書」を添付する必要があります（措令39の31⑱)。

第2 相続税・贈与税関係

1 信託に関する特例

相続税の基本は相続税法9条にあるように、対価を支払わないで、または著しく低い価額の対価で利益を受けた場合においては、当該利益を受けたときにおいて、当該利益を受けた者が贈与または遺贈により取得したものとみなす、という基本的な考え方があります。

相続税法は平成19年度税制改正で、信託に関する条文、相続税法9条の2が新たに付け加えられています。信託の仕方には「自益信託」「他益信託」の方法がありますが、相続税・贈与税はそれにより取扱いが異なっています。

信託の発生時において、自益信託の場合には、実質的経済的な所有者に変更がないため課税関係は生じません。しかし、他益信託では、財産の実質的経済的な所有権が委託者から受益者に変更になるため、適正対価の有無等に応じて、一定の課税関係が生じることになります（相法9の2）。

また、後日、受益者等が変更することも考えられますが、その場合には新たな受益者等は、委託者や別の受益者等から信託に関する権利を贈与（または遺贈）で取得したものとみなされ、贈与税（または相続税）の課税を受けることになります。

相続税法では受益者の範囲を受益者と「特定委託者」、両者を受益者等として同じ扱いにしています。特定委託者についてはコラムを参照してください。

2　旧受益者から新受益者への受益権の移動の場合（相法9の2②）

(1) 受益者等に移動があった場合

「受益者等の存する信託」と「適正な対価を負担せず」が条件となり、「新たに信託の受益者等が存するに至った場合」には、「信託の受益者等となる者は、信託に関する権利を信託の受益者等であった者から贈与又は遺贈により取得したものとみなす」と定められています。

◆受益者の変更等（相法9の2②）

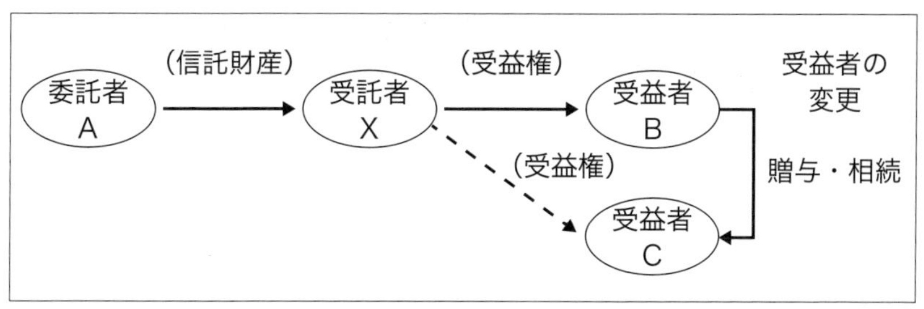

(2) 信託の受益者等が存するに至った場合

「信託の受益者等が存するに至った場合」とは、次のような場合です（相基通9の2-3）。

ⅰ 信託の受益者等（第９条の２第１項に規定する受益者等をいう。以下同じ）として受益者Ａのみが存するものについて、受益者Ｂが存することとなった場合（受益者Ａが並存する場合を含む）

ⅱ 信託の受益者等として特定委託者Ｃのみが存するものについて、受益者Ａが存することとなった場合（特定委託者Ｃが並存する場合を含む）

ⅲ 信託の受益者等として信託に関する権利を各々半分ずつ有する受益者ＡおよびＢが存する信託についてその有する権利の割合が変更された場合

(3) 信託が終了した場合を除くとしている点への留意

この受益権の移動については、税務上大きな問題を抱えています。それは、本条項には「第4項の規定の適用がある場合を除く」とされているところです。すなわち、後述する信託の終了事由にあたる場合には、この条項には該当しないとされています。

これは、信託法が信託終了に関しては清算手続に入ることを想定しているために、税法もそれを引き継いで信託終了については第4項で手当てをしているという構造を採用しているからです。この部分は、実務家としては十分に留意する必要があります。

3　一部の受益者等が存しなくなった場合
（相法9の2③）

(1) 一部の受益者等が存しなくなった場合

「受益者等の存する信託」と「適正な対価を負担せず」が条件となり、「信託の一部の受益者等が存しなくなった場合」について定めています。

(2) 利益の移動が新たに起きた場合

「受益者等が存しなくなる」ということは、受益権の実質的な移動があったとみなされて贈与または遺贈により取得したものとみなして、増加した受益権部分に課税が行われることになります。

◆受益者の一部不存在（相法9の2③）

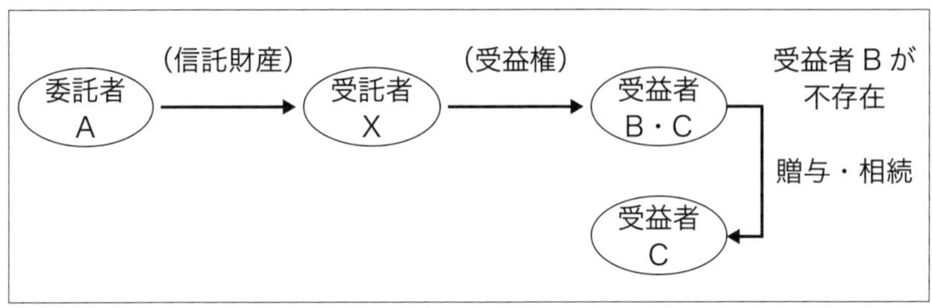

受益者は、信託行為の当事者（委託者が受益者である場合のいわゆる自益信託）である場合を除き、受託者に対し受益権を放棄する旨の意思表示をすることにより、受益権を放棄することができます（信法99①）。また、信託行為で受益者指定権等を自己（委託者）または第三者に与えたときは、当該受益者指定権等の行使により、受益者を指定し、変更することができることとされており、当該受益者指定権等が行使された場合には、旧受益者は受益権を失うことと

なります（信法89①）。

したがって、その結果、受益者等の存する信託に関する権利の一部について受益者等が存しない場合が生じることとなりますが、このような場合には、相続税法施行令1条の12第3項の規定により、ⅰ当該信託についての受益者等（当該放棄または受益者指定権等行使後の受益者等に限る。以下ⅱにおいて同じ）が一であるときには、当該受益者等が当該信託に関する権利を全部を有するものと、また、ⅱ当該信託についての受益者等が二以上存するときには、当該信託に関する権利の全部をそれぞれの受益者等がその有する権利の内容に応じて有するものとされています。

なお、受益者等の存する信託に関する権利の全部について放棄があった場合にも、上記と同様な課税関係が生ずることとなりますが、信託に関する権利のすべてが放棄されたときは、信託の終了事由に該当することもあることなどから、当該権利の一部の放棄または消滅の場合については以下のような課税関係となります。

（参考）

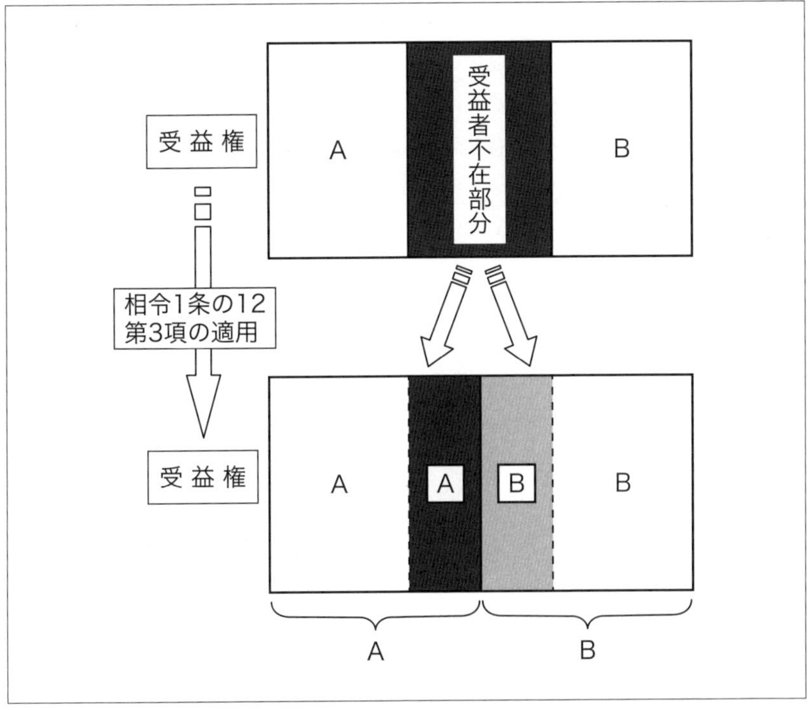

出典：資産課税課情報　第14号　平成19年7月4日
「相続税法基本通達」（法令解釈通達）の一部改正のあらまし（情報）
https://www.nta.go.jp/law/joho-zeikaishaku/sozoku/070704/06.htm#b

4　受益者等の存する信託が終了した場合
（相法９の２④）

(1) 原　則

受益者等の存する信託が終了した場合において、適正な対価を負担せずに、その信託の残余財産の給付を受けるべき者または帰属すべき者となる者があるときは、その残余財産の給付を受けるべき者または帰属すべき者となった時において、その残余財産の給付を受けるべき者または帰属すべき者となった者は、その信託の残余財産（その信託の終了の直前においてその者がその信託の受益者等であった場合には、その受益者等として有していたその信託に関する権利に相当するものを除く）を、その信託の受益者等から贈与により取得したものとみなされ、贈与税が課されます。ただし、その信託の受益者等の死亡に基因してその信託が終了した場合には、遺贈により取得したものとみなされて相続税が課されます。

◆信託の終了（相法9の2④）

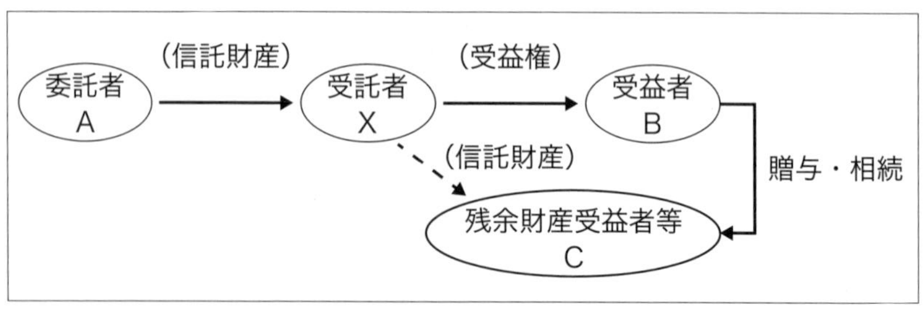

(2) 信託が合意等により終了した場合

相続税法9条の3第1項に規定する受益者連続型信託以外の信託で、その信託に関する収益受益権（信託に関する権利のうち信託財産の管理および運用によって生ずる利益を受ける権利をいう）を有する者（以下、「収益受益者」という）とその信託に関する元本受益権（信託に関する権利のうち信託財産自体を受ける権利をいう）を有する者（以下、「元本受益者」という）とが異なるもの（以下、「受益権が複層化された信託」という）が、信託法164条《委託者及び受益者の合意等による信託の終了》の規定により終了した場合には、原則として、その元本受益者がその終了直前にその収益受益者が有していたその収益受益権の価額に相当する利益をその収益受益者から贈与によって取得したものとして取り扱うものとするとされています（相基通 9-13）。

右の設例では、合意解除した設例が掲載されています。

受益者連続型信託については、次の**第３**を参照ください。

５　資産および負債の承継（相法９の２⑥）

受益者等課税信託では、受益権の移動に伴って生じる課税に関しては、信託を終了する場合（相法９の２④）以外は上記の**１**から**３**までの規定で贈与または遺贈により取得したとみなされる権利または利益を取得した者は、当該信託の信託財産に属する資産及び負債と取得し、または承継したものとみなされることになっています。

すなわち、受益権を取得した者は資産および負債を取得したとして、所得税・法人税・相続税等の課税を受けることになります。ここが重要な点で、受益権を取得した者は資産を譲渡等した場合でも、課税はその資産等そのものを譲渡したとして扱われる点です。この点は課税の特例措置についても同様に行われることになります。

〔設例〕複層化された信託の終了時の課税

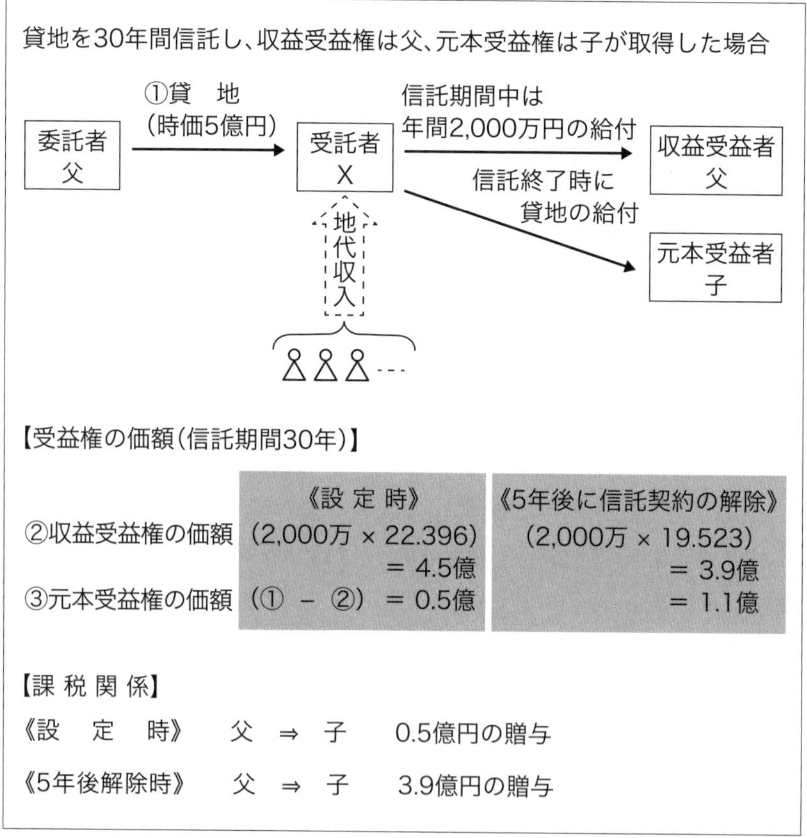

資産課税課情報 第14号 平成19年7月4日「相続税法基本通達」(法令解釈通達)の一部改正のあらまし(情報)
https://www.nta.go.jp/law/joho-zeikaishaku/sozoku/070704/03.htm

第3　受益者連続型信託に関する特例

1　受益者連続型信託の定義

受益者連続型信託とは、信託法91条に規定する「後継ぎ遺贈型の受益者連続の信託」だけでなく、受益者の連続が想定される次のⓘからⓥの信託をいいます（相法9の3①、相令1の8）。

ⓘ 信託法91条に規定する受益者の死亡により他の者が新たに受益権を取得する定めのある信託

ⓘⓘ 信託法89条1項に規定する受益者指定権等を有する者の定めのある信託

ⓘⓘⓘ 受益者等の死亡その他の事由により、その受益者等の有する信託に関する権利が消滅し、他の者が新たな信託に関する権利（その信託の信託財産を含む）を取得する旨の定め（受益者等の死亡その他の事由により順次他の者が信託に関する権利を取得する旨の定めを含む）のある信託（信託法91条に規定する信託を除く）（相令1の8）

信託法91条に規定する信託は、「受益者の死亡」のみを受益者変更の基因としていますが、受益者の死亡以外の事由を基因として受益者が変更する信託も信託法上有効であると考えられます。また、相続税法においては、特定委託者も受益者と同様に信託財産に属する資産および負債を取得したものとみなされます。そこで「受益者等の死亡その他の事由」を基因として「受益者等」が変更する信託（信託法91条の信託を除く）も受益者連続型信託とされています。

ⓘⓥ 受益者等の死亡その他の事由によりその受益者等の有する信託に関する権利が他の者に移転する旨の定め（受益者等の死亡その他の事由により順次他の者に信託に関する権利が移転する旨の定めを含む）のある信託（相令1の8二）

> ⓥ　上記ⓘからⓘⓥに掲げる信託以外の信託でこれらの信託に類するもの

2　受益者等課税信託の課税

受益者連続型信託の受益者は、受益権を適正な対価を負担せずに取得した場合において、その受益者連続型信託の権利に関して期間の制限や権利の価値に作用する要因としての制約が付されていないものとみなされ課税されます。制限や制約が付されていないものとみなされるということは、すなわち信託財産額そのものをすべて受益者が有するとみなされ、課税されることとなります（相法9の3)。

第4　信託の事務

1　受託者の事務

受託者の信託事務の執行の結果、信託財産がどのような状況となっているかの資料として、受託者は信託財産開示資料を作成します。毎年1回作成し、受益者に報告しなければなりません。この信託財産開示資料は、貸借対照表や損益計算書その他の法務省令で定める書類等を作成することになります。信託の開始以降、受託者は信託目的の実現のために信託事務を行います。また、受益者の有する受益権を満たすために、受益者に信託利益や信託財産の交付を行っていきます。

ⅰ　受託者義務の履行 ⅱ　信託財産の管理 ⅲ　信託帳簿の作成 ⅳ　財産状況開示資料を作成し受益者へ信託財産状況への報告 ⅴ　法定調書の提出

2　信託効力発生時

自益信託では税務署に届出が必要なケースはありません。

自益信託でない場合は、受託者が「信託に関する受益者別（委託者別）調書合計表」および「信託に関する受益者別（委託者別）調書」を作成し、その信託契約開始の日に属する月の翌月末日までに受託者の住所地を所轄する税務署に提出します（相法59③一）。

ただし、信託財産の相続税評価額が50万円以下の場合は不要です（相規30⑦一）。

3　信託期間中

(1) 受託者の事務①

信託期間中には「信託の計算書（同合計表）」を作成し、税務署に提出します（所法227）。

・提出期限：毎年1月31日
・提出方法：当該計算書に合計表を添付
・提　出　先：受託者の事務所等の所在地の所轄税務署
・記載内容：信託財産の収益・費用、資産・負債等

※ただし、下記に該当する場合は、提出不要

・各人別の信託財産に帰せられる収益の額の合計額が３万円以下

（信託の計算期間が１年未満である場合には、１万5,000円の場合（所規96②））

(2) 受託者の事務②

受益者変更時に受託者は、「信託に関する受益者別（委託者別）調書」および「信託に関する受益者別（委託者別）調書合計表」を提出します。ただし、信託財産の相続税評価額が50万円以下の場合は不要です。

4 信託終了時の受託者の事務（清算受託者の事務）

信託契約等に定めた信託期間が満了したとき、信託の終了事由が到来したとき、信託法に定める信託の終了事由が生じたときに信託は終了します。信託が終了した場合には、清算をしなければなりません（信法175）。信託が終了したとき以降の受託者を、清算受託者といいます。

清算受託者は、次の事項を行います（信法177）。

ⅰ 現務の結了
ⅱ 信託財産に属する債権の取立ておよび信託債権に係る債務の弁済
ⅲ 受益債権（残余財産の給付を内容とするものを除く）に係る債務の弁済
ⅳ 残余財産の給付

清算受託者は、信託事務に関する最終計算を行います。信託終了時の受益者と帰属権利者に対して最終計算の承認を求める必要があります（信法184）。

受託者は、信託が終了した日の属する月の翌月末日までに「信託に関する受益者別（委託者別）調書」および「信託に関する受益者別（委託者別）調書合計表」を税務署に提出します（相法59③三）。

ただし、①残余財産がない場合、②信託終了直前の受益者が残余財産を受けず帰属者とならない場合、③信託財産の相続税評価額が50万円以下の場合は不要です。

◆信託の計算書（所得税）

信　託　の　計　算　書

（自　　年　月　日　至　　年　月　日）

信託財産に帰せられる収益及び費用の受益者等	住所（居所）又は所在地			
	氏名又は名称		番号	
元本たる信託財産の受益者等	住所（居所）又は所在地			
	氏名又は名称		番号	
委託者	住所（居所）又は所在地			
	氏名又は名称		番号	
受託者	住所（居所）又は所在地			
	氏名又は名称	（電話）		
	計算書の作成年月日	年　月　日	番号	

信託の期間	自　年　月　日 至　年　月　日		受益者等の異動	原因	
信託の目的				時期	
受益者等に交付した利益の内容	種類		受託者の受けるべき報酬の額等	報酬の額又はその計算方法	
	数量			支払義務者	
	時期			支払時期	
	損益分配割合			補てん又は補足の割合	

収益及び費用の明細

	収益の内訳	収益の額 千円		費用の内訳	費用の額 千円
収益			費用		
	合計			合計	

資産及び負債の明細

	資産及び負債の内訳	資産の額及び負債の額 千円	所在地	数量	備考
資産					
	合計		（摘要）		
負債					
	合計				
資産の合計－負債の合計					

整理欄	①	②

357

○「番号」欄に個人番号（12桁）を記載する場合には、右詰で記載します。

◆信託に関する受益者別（委託者別）調書（相続税）

信託に関する受益者別（委託者別）調書

受益者	住所（居所）		氏名又は名称	
			個人番号又は法人番号	
特定委託者	又は		氏名又は名称	
			個人番号又は法人番号	
委託者	所在地		氏名又は名称	
			個人番号又は法人番号	

信託財産の種類	信託財産の所在場所	構造・数量等	信託財産の価額

信託に関する権利の内容	信託の期間	提出事由	提出事由の生じた日	記号番号
	自　・　・ 至　・　・		・　・	

（摘要）

（令和　年　月　日提出）

受託者	所在地又は住所（居所）	（電話）
	営業所の所在地等	（電話）
	名称又は氏名	
	法人番号又は個人番号	

整理欄	①	②

○「個人番号又は法人番号」欄に個人番号（12桁）を記載する場合には、右詰で記載します。

358

◆信託に関する受託者別（委託者別）調書合計表

令和　年　月分　信託に関する受益者別（委託者別）調書合計表

税務署受付印

処理事項	通信日付印	検収	整理簿登載	身元確認
	※　・　・	※	※	※

令和　年　月　日提出

税務署長 殿

提出者	
住所（居所）又は所在地	電話（　　　）
個人番号又は法人番号(注)	
フリガナ 氏名又は名称	
フリガナ 代表者氏名	

整理番号					
調書の提出区分 新規=1、追加=2 訂正=3、無効=4		提出媒体		本店一括	有・無
作成担当者					
作成税理士署名	税理士番号（　　　） 電話（　－　－　）				

提出事由	信託財産の種類	提出枚数	受益者数	特定委託者数	委託者数	信託財産の価額
効力発生	□金銭　□有価証券 □金銭債権□不動産 □その他（　　）	枚	人	人	人	円
受益者変更	□金銭　□有価証券 □金銭債権□不動産 □その他（　　）					
信託終了	□金銭　□有価証券 □金銭債権□不動産 □その他（　　）					
権利内容変更	□金銭　□有価証券 □金銭債権□不動産 □その他（　　）					
計						

（摘要）

○ 平成28年1月1日以後提出用

○　提出媒体欄には、コードを記載してください。（電子=14、FD=15、MO=16、CD=17、DVD=18、書面=30、その他=99）
（注）　平成27年12月分以前の合計表を作成する場合には、「個人番号又は法人番号」欄に何も記載しないでください。

（用紙 日本産業規格 A4）

第5 特定委託者について

信託の変更の際、注意をしないといけないテーマとして「特定委託者」があります。特定委託者に該当してしまうと、税務では受益者として扱われてしまう、すなわち特定委託者に贈与税等が課税されることになります。

以下では、「特定委託者」とはなにか、について説明をしたうえで、注意点などを説明していきます。

1 特定委託者とは

家族信託を組成するにあたって、税務との関係で出てくる条文としては相続税法９条の２という条文があります。今回は、相続税法９条の２の５項に定めている「特定委託者」について解説します。

特定委託者とは、ⓘ信託の変更をする権限（軽微な変更をする権限として政令で定める者を除く）を現に有し（以下、「要件１」という)、かつ、ⓘⓘ当該信託の信託財産の給付を受けることとされている者（受益者を除く）（以下、「要件２」という）をいいます。

ざっくりしたイメージとしては、信託の変更権限を有する者で受益者以外の者についてはこの「特定委託者」に該当することになり得ると捉えてもらえたらと思います。

この特定委託者に該当するとどうなるかというと、信託組成時において贈与による課税を受けることになります。つまり、「特定委託者」に該当する立場の人をつくってしまうと、予期せぬ課税の問題が生じてしまうおそれがあるのです（信託の受益者別調書などにも「特定委託者」の欄がある)。

２　特定委託者にならないようにする方法

特定委託者に該当するためには、要件１および要件２の両方が揃う必要があります。逆にいえば、どちらかの要件が欠けていれば特定委託者にはならないということです。

（１）要件１（変更権限）との関係での検討

①　変更権限において合意による制限を加えていればよいか

特定委託者は、上記のとおり信託の変更の権限を有する者をいいます。そうすると、変更権限を単独で行使できない形、つまり誰かの同意がなければ変更できないという形をとることで特定委託者に該当しないとすることはできないでしょうか。

結論からいうと、できません。なぜなら、相続税法９条の２の５項を受けた形で制定されている相続税法施行令は、次のように定めているからです。

◆相続税法施行令

（信託の変更をする権限）

第１条の７　法第９条の２第５項に規定する政令で定めるものは、信託の目的に反しないことが明らかである場合に限り信託の変更をすることができる権限とする。

２　法第９条の２第５項に規定する信託の変更をする権限には、他の者との合意により信託の変更をすることができる権限を含むものとする。

２項には、「他の者との合意により信託の変更をすることができる権限を含む」と明記されています。つまり、例えば信託監督人の合意がなければ変更できないというブレーキをかけていても、そのことをもって信託の変更権限なしとはいえない形になっています。

このように、同意をする立場の人を置くという解決はできないのですが、それ以外にも変更の対象を限定することで、法の定める「軽微な変更」に該当するような建付けにすることも考えられます。

実務上の工夫としては、信託の変更の定めを置かない、または変更ができない定めを置くという方法もあり得ますが、置くとした場合には、例えば「本信託については、信託の目的に反しないことが明らかな場合に限り、受託者と受益者の合意により信託の変更をすることができる」という定めをするのも一つの方法として考えられます。

(2) 要件2との関係での検討

要件2を見ると、受益者は特定委託者にならないことから、信託の変更権限を受益者に設定するという方法も考えられるところです。例えば、「本信託は受益者のみが変更できる」とするのがその一例です。

もっとも、認知症対策のために信託をする場合において、受益者が元気であることを前提にする定めでは、将来問題が起きる可能性があります。特定委託者を避けることはできても、その結果、信託の仕組み自体が機能不全になるようでは問題です。

その解決策として、信託の変更権限は受益者に設定したうえで、受益者代理人を置くことができるようにしておくのも考えられる方法です。

3 まとめ

特定委託者の問題は、完全な形での対応が難しい問題です。

ただ一つ言えるのは、あまりに柔軟な仕組みを作ってしまう、すなわち、なんでもかんでも信託の内容が変更できてしまう、という仕組みにすることは、税法が租税回避に網をかけるために特定委託者という概念を置いていることとの関係では、課税リスクが上がってしまう可能性があるということです。

この特定委託者については、今後の議論の集積が待たれるところです。

第６　家族信託の終了とそれに伴う税務の問題点

１　家族信託の終了と相続税法の建て付け～相続税法９条の２第４項の解釈

（受益者等の存する信託が終了した時に贈与または遺贈により取得したものとみなす場合）

(1) 内　容

相続税法９条の２第４項では、適正な対価を負担せずにその信託の残余財産の給付を受けるべき者（帰属すべき者を含む。以下において同じ）となった場合において、その信託の残余財産の給付を受けるべき者となった時において、その信託の残余財産の給付を受けるべき者は、その信託の残余財産をその信託の受益者等から贈与により取得したものとみなされ、贈与税が課税されることになり、その信託の受益者等の死亡に基因してその信託が終了した場合には、遺贈により取得したものとみなされ、相続税が課税されます（相法９の２④）。

相続税法９条の２第１項が信託の効力発生時における課税規定、同条第２項および第３項が信託期間中における課税規定であり、第

４項は信託の終了時における課税規定となっています。そして、第６項では第４項については触れずに、第１項から第３項までを準用しており、第４項は準用されていません。

(2) 適用を受ける者

相続税法９条の２第４項の規定の適用を受ける者とは、信託の残余財産受益者等に限らず、当該信託の終了により適正な対価を負担せずに当該信託の残余財産（当該信託の終了直前においてその者が当該信託の受益者等であった場合には、当該受益者等として有していた信託に関する権利に相当するものを除く）の給付を受けるべきまたは帰属すべき者となる者が該当します（相基通９の2-5)。

２　相続税の債務控除の適用にあたっての留意点

(1) 債務の確実性と債務控除

信託が終了していない場合においては、被相続人＝委託者＝当初受益者の自益信託で開始した信託において当初受益者の相続開始により、相続人が第二次受益者となった場合、第二次受益者は相続税法９条の２第２項、第６項により、負債を承継したものとみなされます。負債を承継したものとみなされることから、当初受益者が第二次受益者にとっての被相続人であれば、負債は当初受益者たる相続人に承継されたこととなり、「被相続人の債務」として債務控除されます。

では、信託の終了時においてはどうでしょうか。

信託法177条に受託者の職務として、「残余財産」の算出順序を定めています。また、信託法183条の１項では、帰属権利者が残余財産の給付に係る債権を取得すると定め、別段の定めを認めているということは、信託行為による別段の定めで、現物と債務引受を記載することで債務控除は認められるということではないかとも考えられます。

解釈通達上は何も定められていませんが、信託契約書に別段の定めを置けば、税務上も債務引受を認め、被相続人の債務控除ができるのではないかとも考えられます。

(2) 実務上の債務控除にかかる検討

相続税法９条の２の解釈上、信託終了時における帰属権利者の債務控除の適用について必ずしも明確ではありません。土地信託に関する個別通達（「土地信託に関する所得税、法人税並びに相続税及び贈与税の取扱いについて」（通称土地信託通達昭和61年７月９日））が廃止されて、土地以外の資産にも対象が拡充され相続税法９条の２第６項が新設されましたが、第２項では、信託終了時の取扱いである第４項は除かれています。

同項は信託財産であった財産を遺贈により取得したとみなしているのではなく、「残余財産」を遺贈により取得したとみなしています。信託法上「残余財産」は、清算受託者が信託債権に係る債務・受益債権に係る債務の弁済をした後に残った財産です（信法177、181）から、債務は差し引かれています。

これは信託法が終了時には清算受託者による清算が行われることを前提とした規定しか置いておらず、民事信託によくみられる現状有姿での権利義務承継ということを想定していないため、相続税法もそれにならい、信託終了時の規定を置いたものと思われます。

「清算では、信託財産と信託の債務との差し引きが最低ゼロで、通常はプラスが残ることが想定されている。そうでないとすれば、清算ではなく破産のほうにいくべきでしょう〔藤田友敬発言〕（能見　信託法セミナー（4）64頁）。」であり、債務超過の場合には破産手続へと移行することが想定されます。

信託法上、信託の清算受託者は、信託債務がある場合は、信託債務を弁済した後でなければ、残余財産の給付または帰属を行うことができませんが、これらの者が信託債務を肩代わりすれば、残余財産の給付または帰属を行うことができると考えられます。なお、債務の肩代わり、求償権の取得は課税時点に行われるので、相続開始時の債務となり、相続税の計算上も債務控除が可能ではないかという考え方もあります。

しかしながら現時点では、残念なことに上記は法務省の正式な見解ではなく、国税当局からは債務控除が可能という回答はなされていないというのが現実です。

(3) 受益者連続型信託とするという工夫

当初受益者の死亡を原因とする信託終了ではなく、受益者連続型信託として、いったん第二次受益者を介してからの信託終了とすれば、当初受益者からの受益者変更の段階で相続税法9条の2第2項の適用となり第6項の規定には当てはまることになります。このようなスキームにしておけば、債務控除の適用上は確実であると思われます。

3　その他の特例に関して

(1) 相続した事業の用や居住の用の宅地等の価額の特例（小規模宅地等の特例）

個人が、相続や遺贈によって取得した財産のうち、その相続開始の直前において被相続人または被相続人と生計を一にしていた被相続人の親族の事業の用または居住の用に供されていた宅地等（土地または土地の上に存する権利をいう。以下同じ）のうち一定のものがある場合には、その宅地等のうち一定の面積までの部分（以下、「小規模宅地等」という）については、相続税の課税価格に算入すべき価額の計算上、50%～80%の割合を減額できます。

課税法上、信託受益権を取得した者は、その信託の信託財産に属する資産および負債を取得し、または、承継したものとみなされます。したがって、信託財産に土地が含まれている場合には、他の要件を満たしている限り、受益権を相続した場合であってもその土地を取得したものとして小規模宅地等の特例の適用を受けることができます（相法９の２⑥、措令40の２㉗、措通69の4-2）。

土地を信託してしまうと、相続されるのは土地ではなく信託受益権になります。この場合に小規模宅地等の特例が適用できないならば、信託をすることにより相続税の負担が増えてしまいます。しかし、税法においては、原則として受益権を信託財産とみなして考えますので、受益権を相続する場合でも、受益権にかかる信託財産が土地であれば、その土地を相続したものとして小規模宅地等の特例を適用することができます。

本件については法令通達そして解説書にて明確に記載されています。

◆租税特別措置法施行令

第40条の２（小規模宅地等についての相続税の課税価格の計算の特例）
27　法第69条の４の規定の適用については、相続税法第９条の２第６項の規定を準用する。

◆租税特別措置法通達

69の4-2（信託に関する権利）
特例対象宅地等には、個人が相続又は遺贈により取得した信託に関する権利（相続税法第９条の２第６項ただし書に規定する信託に関する権利及び同法第９条の４第１項又は第２項の信託の受託者が、これらの規定により遺贈により取得したものとみなされる信託に関する権利を除く。）で、当該信託の目的となっている信託財産に属する宅地等が、当該相続の開始の直前において当該相続又は遺贈に係る被相続人又は被相続人と生計を一にしていたその被相続人の親族の措置法第69条の4第1項に規定する事業の用又は居住の用に供されていた宅地等であるものが含まれることに留意する。

◆大野隆太編『租税特別措置法通達逐条解説　令和元年12月改訂版』相続税・贈与税関係（大蔵財務協会）

「なお、平成19年度税制改正前は、「土地信託に関する所得税、法人税並びに相続税及び贈与税の取扱いについて」（昭和61年7月9日付直審5-6ほか4課共同）において、信託財産に宅地等が含まれる信託に関する権利については、特例の適用対象となるものとして取り扱っていたことから、実質的には通達による取扱いの法制化である。」

(2) 夫婦の間で居住用の不動産を贈与したときの配偶者控除

婚姻期間が20年以上の夫婦の間で、居住用不動産または居住用不動産を取得するための金銭の贈与が行われた場合、基礎控除110万円のほかに最高2,000万円まで控除（配偶者控除）できるという特例があります（相法21の6）。

贈与により受益権を取得したものとみなされる者は、信託財産に属する資産および負債を取得したものとみなされます（相法9の2⑥）。したがって、受益権の贈与であっても、税務上は配偶者が信託財産である居住用の不動産を贈与により取得したものとみなされますので、配偶者控除（2,000万円まで）を適用することが可能です。

(3) 配偶者の税額の軽減

「配偶者の税額の軽減」とは、被相続人の配偶者が遺産分割や遺贈により実際に取得した正味の遺産額が、次の金額のどちらか多い金額までは配偶者に相続税はかからないという制度です（相法19の2）。

ⅰ　1億6,000万円

ⅱ　配偶者の法定相続分相当額

この配偶者の税額軽減は、配偶者が遺産分割などで実際に取得した財産を基に計算されることになっています。被相続人の配偶者が当該被相続人からの相続または遺贈により財産を取得した場合には（相法19の2本文）となっており、信託受益権でも不動産でも適用があります。

そこで、委託者が亡くなって信託が終了し、配偶者が帰属権利者となり信託財産を取得したとしても、「配偶者の税額の軽減」を適用して相続税の申告をすることは可能です。

(4) 信託終了に関する相続税法上の規定内容

①　信託終了に関する相続税法の規定

受益者等課税信託では、受益権の移動に伴って生じる課税に関しては、信託を終了する場合（相法9の2④）以外、贈与または遺贈により取得したとみなされる権利または利益を取得した者は、「当該信託の信託財産に属する資産及び負債を取得し、又は承継したものとみな」されることになっています（相法9の2⑥）。すなわち、受益権を取得した者は資産および負債を取得したとして、所得税・法人税・相続税等の課税を受けることになります。

信託を終了させない（4項適用しない）で継続していれば、相続税法9条の2により各種の税法特例も適用されるということです。ここが重要な点で、受益権を取得した者は資産を譲渡等した場合でも、課税はその資産等そのものを譲渡したとして扱われるのです。

② 居住用空き家譲渡特例

ひとつの特例をあげることができます。家族信託契約で委託者の死亡により終了させないケースでは、残った家族が居住用空き家譲渡特例（措法35③）を適用する事例です。当初委託者である父が死亡した後、第二次受益者である母親が一人で実家にて暮らしていましたが、母親が亡くなっても信託を終了させないで、その後に相続人が母親の居住していた不動産を売却します。

この特例にはいろいろと要件がありますが、他の条件を満たしていたときには、受益権を構成する居住用不動産を売却したものとして、居住用空き家譲渡特例の適用があり、信託財産が不動産から現金に変更されただけのことです。

信託を終了させてしまい、相続税法９条の２第４項になった場合に、清算受託者が売却した場合でも適用されるかということは不明です。ここでも受益者連続型信託にしておくメリットは存在すると思われます。

③ 相続後の自社株式の譲渡

株式会社のオーナーが亡くなった後で、納税資金として後継者が相続税を納税するために、相続した株式を自社に売却して資金化するケースはよくある事例です。

相続または遺贈につき相続税を納付すべき者が、その財産のうちに非上場株式がある場合において、その相続の開始があった日の翌日からその相続税の申告書の提出期限の翌日以後３年を経過する日までの間に、その相続税額に係る課税価格の計算の基礎に算入された非上場株式をその発行会社に譲渡した場合は、みなし配当課税を行わず、その譲渡対価の全額が株式の譲渡所得等の総

1　信託の変更、終了について（概論）
2　信託の変更、終了に関する法務の留意点
3　信託の変更、終了に関する登記の留意点
4　信託の変更、終了に関する税務の留意点
5　パネルディスカッション（個別の論点についての検討）

講　師

菊永 将浩（きくなが まさひろ）
弁護士（広島弁護士会）、広島弁護士会高齢者・障害者等の権利に関する委員会 委員、日弁連信託センター幹事。
国家公務員、地方公務員、金融機関などでの勤務を経て、2016年に弁護士事務所を開設し、現在に至る。

成田 一正（なりた かずまさ）
公認会計士、税理士、行政書士。日本税務会計学会相談役。
国税専門官として税務調査に従事後、大手監査法人にて法定監査に従事。その後関連会社で株式公開バックアップや税務関係のサポート。この頃から事業承継対策を専門とする。1989年成田公認会計士事務所開設、2011年税理士法人おおたか設立、代表社員に就任、現在特別顧問。

本多 寿之（ほんだ としゆき）
司法書士、民事信託士、福岡家庭裁判所小倉支部家事調停委員、北九州市立大学法学部非常勤講師。
1996年１月に角田・本多司法書士合同事務所を設立し、現在に至る。

日本法令

申込書は裏面▶

ご住所　〒

TEL　（　　）　　／FAX　（　　）　　（該当にレ点：□自宅　□会社・事務所）

個人情報の取扱い（下記）　□同意する　□同意しない

【ご注意】
本セミナーは、オンライン会議ツールZoomを使って開催します。

個人情報の取扱いについて

お申込書にご記入いただくお客様の個人情報は、以下の通りお取扱いいたします。

1．個人情報の利用目的
　皆様の個人情報は，当社商品のご注文の確認，Webサービス・セミナー等への申込みの確認，商品のお届け，Webサービス・セミナー等のご提供，バージョンアップなどのご案内情報の配信，商品等の料金のご請求，そのお支払いの確認，商品等の改善，改良のためのアンケート調査の実施，また新商品，新サービスなどをご案内するために利用させていただきます。

2．個人情報の第三者への提供
　当社は，登録された個人情報を，ご本人様の承諾なしに第三者（当社と契約を締結した業務委託先を除く）に提供することはいたしません。

3．個人情報の開示・訂正・利用停止等の対応窓口
　皆様は，当社が保有するご自身の個人情報について開示を請求することができます。またその結果，必要な場合は訂正を求めることができます。その他，個人情報の利用停止，問合せや苦情・相談などを申し付けることができます。当社では，これらを受け付けた場合，合理的な範囲で適切に対応させていただきます。また，そのために専用の窓口を開設しています。開示等請求方法につきましては，当社ホームページの会社案内からプライバシーポリシーの「個人情報の取り扱いについて」の内容をご確認ください。

4．お客様の任意性
　個人情報の提供はご本人の任意ですが，提供されなかった場合には，お問合せ等にお答えすることができない場合がございますのでご了承ください。

（個人情報保護に関するお問合せ）お問合せ先は上記に同じ
9:00 ～ 17:30（土曜・日曜・祝日，年末年始及び弊社休日を除く）
株式会社日本法令 個人情報保護管理者 秋田 浩一

セミナー申込書

FAX番号：03-6858-6968
E-mail　：seminar@horei.co.jp
下記の内容をお送りください。
右のQRコードを読み込むとお申込みサイトにつながります。

会員区分	定価（税込み）	☑
『家族信託実務ガイド』定期購読会員 （一般社団法人 家族信託普及協会の会員の方も含みます）	**14,000円**	□
一　般	**20,000円**	□

貴社名・事務所名	
お名前	e-mail

【2022年2月22日(火)14:00～17:00】開催

（＊3月1日以降、見逃し配信（有料）でのご視聴が可能です）

『家族信託契約の変更・終了の実務』

オンラインセミナー

　家族信託を扱う実務家にとって、今までは、「どのようなスキームを構築して、信託契約書を作成するか」が最も重要なテーマでした。2017年頃からはメディアでも多く取り上げられるようになり、本格的に普及し始めてから5年以上が経過した現在、組成されている契約書の中には、当初予定していなかった事由で見直しを迫られたり、終了を余儀なくされたりするケースもあります。特に、予期せぬ信託の終了は、委託者の望みが叶えられないばかりでなく、税金の問題や家族間トラブルを招きかねません。

本セミナーでは、組成済み契約書の変更に伴う実務や信託契約終了に伴う清算手続等について、弁護士・税理士・司法書士が、法務・税務・登記の視点から実務のポイントを解説します。

カリキュラム（予定）

収入金額とされます（措法9の7）。また、この場合、譲渡所得の金額の計算上、負担した相続税額のうち一定の算式で計算した金額を取得費に加算する「相続税額の取得費加算の特例」の適用を受けることができます（措法39）。

この特例は受益権の譲渡では適用されませんが、信託は継続して、受託者が自社株式を発行法人に売却したような場合には、理論的には特例の適用があると思われます。ただし、明確になっていない部分でもありますので、実行される際には国税当局に事前に照会することをお勧めします。

第2章

事例別の検討

本章では、実際の事例を取り上げます。事例ごとに契約書を用意していますので、その契約書の内容についての一般的な解説のほか、信託の変更および終了について、法務・税務・登記の観点からの解説を行います。

事例１ 認知症対策

第１　事例の概要

＊本事例に出てくる人物名は仮称です。

本件は、70代半ばの女性（前田陽子、夫は既に他界）のための実家売却信託の事例です。陽子さんには娘２人（長女：加藤雅子、二女：秋山貴子）がいます。いずれも結婚して、別世帯となっています。

陽子さんは、最近少し物忘れが出てくるようになってきたため、将来に備えて、実家を売却して施設の費用を捻出するために実家を信託することにしました。なお、実家には担保はありません。依頼者が死亡すれば終了し、残った財産は娘２人に均等に帰属するようにという意向でした。

第２　信託組成時の依頼者の要望および信託の内容

陽子さんからは、娘に負担をかけないようにしたいのと、２人の娘は互いに平等であってほしいという希望がありました。

仲の良い家族だったのと、社会福祉協議会の職員がご近所さんで面倒をみてくれていたので、身上保護の面での支援は必要なく、任意後見はしませんでした。

なお、公正証書遺言書を別途作成し、２人の娘に均等に相続させるという内容としました。

そして、本件では、信託口口座を作ることができなかったので、最寄りの金融機関の受託者名義の口座を信託専用口座にした経緯があります。

第3　信託契約書

不動産管理等信託契約書

前田陽子（以下､「委託者」という）と加藤雅子（以下「受託者」という）とは、以下の各条項に合意し、信託契約（以下、「本契約」という）を締結した。

（信託契約）

第1条　委託者は、本契約の締結の日（以下、「信託開始日」という）に次条の目的に基づき、別紙信託財産目録記載の財産（以下、「信託財産」という）を受託者に信託し、受託者はこれを引き受けた（以下､本契約に基づく信託を「本信託」という）。

（信託目的）

第2条　本信託の信託目的は、以下のとおりである。

委託者所有の信託財産目録記載の財産を受託者が管理、運用、処分することにより、

（1）　委託者の財産管理の負担を軽減すること。

（2）　委託者の生涯にわたる安心な生活および福祉を図ること。

（信託財産―不動産）

第3条　信託財産目録記載の不動産の所有権およびそれらと経済的物理的一体性を有するもの（以下、「信託不動産」という）の所有権は、信託開始日に受託者に移転する。

2　委託者および受託者は、本契約後直ちに、信託不動産について本信託を原因とする所有権移転登記申請を行い、受託者はその登記申請と同時に信託の登記申請を行う。
3　前項の登記費用は、委託者が負担する。
（信託不動産の瑕疵に係る責任）
第4条　委託者は、信託期間中および信託終了後、信託不動産の瑕疵およびそれにより生じた損害について、受託者に対する責任を負わないものとする。
（追加信託）
第5条　委託者は、受託者の同意を得て、金銭を本信託に追加信託することができる。
2　受託者は、追加信託された信託財産に属する金銭と受託者の固有財産とを適当な方法によって分別管理しなければならない。
（信託財産責任負担債務）
第6条　信託財産の管理、運用、処分をするために受託者が負担する債務は、信託財産責任負担債務とする。
（委託者の地位の不承継）
第7条　委託者が死亡した場合、委託者の地位は相続人に承継されない。
（受託者）
第8条　本信託の当初受託者は、以下のとおりである。
住　所：大阪府○○市○○
氏　名：加藤雅子（委託者の長女）
生年月日：昭和46年4月2日
2　受託者加藤雅子が、信託法第56条第1項第1号または第2号に該当した場合または受託者の任務を遂行することが著しく困難である旨の医師の判断を受けた場合は、上記受託者の任務は終了し、新たな受託者（以下、「後継受託者」

という）として、下記の者を指定する。

後継受託者　住　所：大阪府△△市△△
　　　　　　氏　名：秋山貴子（委託者の二女）
　　　　　　生年月日：昭和48年11月26日

（受託者の信託事務）

第９条　受託者は以下の信託事務を行い、そのために必要な権限を有する。

（１）　信託財産を管理、運用、処分すること。

（２）　信託不動産に対して受託者が適当と認める時期および範囲内での修理・保全・改良、増改築を行うこと。

（３）　受益者が信託不動産を使用しない場合に、信託不動産を第三者に使用貸借または賃貸すること。

（４）　前号によって受領した賃料を信託財産の管理、運用をするために支出すること。

（５）　信託財産に属する金銭を受益者に給付すること。

（６）　受託者が適当と認める場合に、信託財産に属する金銭を受益者の生活費、医療費および介護費用等に支出すること。

（７）　信託不動産を管理、運用、処分等するために金融機関等から借入れを行い、債務を負担すること。

（８）　前号の借入れのために信託不動産に、委託者または受益者のために担保権を設定すること。

（９）　本信託事務に必要な費用および税金等への引当金を支出するために信託財産の一部を処分すること。

（10）　信託不動産について受託者において火災保険、地震保険その他受託者が必要と判断する保険を付保すること。

（11）　第１号および第９号により不動産を売却して得た金銭を管理すること。

(12)　受益者のために新たに不動産を購入し、または賃貸借契約を締結すること。

(13)　その他信託の目的を達成するために必要な一切の事務を行うこと。

(信託事務処理の第三者への委託)

第10条　受託者は、信託財産の管理その他の信託事務の一切を第三者に委託することができる。

(善管注意義務)

第11条　受託者は、信託財産の管理、運用、処分その他の信託事務について、善良な管理者の注意をもって処理しなければならない。

(帳簿等の作成・報告・保存義務)

第12条　本信託の計算期間は、毎年1月1日から12月31日までとする。ただし、第1期の計算期間は、信託開始日から令和○年12月31日までとする。

2　受託者は、信託事務に関する計算を明らかにするため、信託財産に属する財産および信託財産責任負担債務の状況を記録しなければならない。

3　受託者は信託財産に関し、第1項の信託期間に対応する信託財産目録および収支計算書を当該計算期間が満了した月の翌月末日までに作成し、受益者に提出しなければならない。

4　受託者は、信託不動産を第三者に賃貸することに関し、賃借人の退去、新たな賃借人の入居および賃料ならびに管理費の変更等賃貸借契約の当事者および内容等に変更があった場合には、その経過報告書を作成し、受益者に提出しなければならない。

5　受託者は、第2項に基づき作成した帳簿は、作成の日から10年間保存するものとし、前二項に基づき受益者に提出した書類は、信託の清算の結了の日までの間保存しなければならない。

（信託費用の償還）

第13条　受託者は、信託事務処理に係る費用（信託財産の管理・運用・処分等によって生じる公租公課を含むもの）を、直接、信託財産から償還を受けることができる。

２　受託者は、受益者から信託事務処理に係る費用の償還または前払いを受けることができる。

（信託報酬）

第14条　受託者の報酬は、無報酬とする。

（受益者）

第15条　本信託の受益者は、委託者とする。

（受益権）

第16条　受益者は、受益権として以下の内容の権利を有する。

（1）　信託不動産を生活の本拠として使用する権利

（2）　信託財産から信託財産の管理等に必要な金額を控除した額から受託者が相当と認める金額の金銭の給付を受ける権利

（受益権の譲渡・質入れの禁止）

第17条　受益者は、受益権を譲渡または質入れをすることができない。

（信託の変更）

第18条　本信託は、信託の目的に反しない限り、受託者および受益者の合意により変更することができる。

（信託の終了事由）

第19条　本信託は、次の事由により終了する。

（1）　受託者と受益者が合意をしたとき。

（2）　受益者が死亡したとき。

（清算受託者）

第20条　清算受託者は、本信託が終了したときの受託者とする。

2　清算受託者の報酬は、無報酬とする。

3　清算受託者は、その事務を第三者に委託することができる。

（帰属権利者）

第21条　本信託終了時の信託財産の帰属権利者は、受益者とする。

2　本信託が第19条（2）により終了した場合の信託財産の帰属権利者は、受益者の法定相続人とし、その帰属割合は同一とする。

（帰属権利者への信託財産の給付方法）

第22条　清算受託者は、現務を終了して清算事務を行い、残余の信託財産を帰属権利者に引き渡し、かつ所有権移転登記手続等の必要となる一切の手続きを行う。

2　前項の手続きに必要な一切の費用は、帰属権利者の負担とする。

（規定外事項）

第23条　信託事務の処理に関し、本契約に別段の定めがない事項については、受益者および受託者は、委託者の意思を尊重し、互いに誠意をもって協議する。

令和　　　　年　　　　月　　　　日

（住　所）
委託者　前田陽子

（住　所）
受託者　加藤雅子

信託財産目録
　不動産　　土地

　　　　　　建物

　金　銭　　金○○円

第４　本契約書についての検討

（１）本契約書についての気付き

本件の契約書について、変更事由・終了事由に限らず、気付いた点をまず説明したうえで、変更と終了の事由をめぐる検討を加えていきたいと思います（以下、すべての事例で同じ形式で解説します）。

（２）全体についての検討

本契約書は、よくある認知症対策の実家信託に関する契約書です。信託契約書にはざっくりと、以下の内容を盛り込む必要があります。

ⓘ　信託の目的（何のために信託をするのか）
ⓘⓘ　委託者、受託者、受益者（誰が、誰に任せるのか）
ⓘⓘⓘ　信託財産（何を任せるのか）
ⓘⓥ　受託者の権限・事務（どこまで任せるのか）
ⓥ　信託の終了（信託はいつまで続くのか）
ⓥⓘ　財産の帰属（信託が終了した後、誰のものになるのか）

本件契約書は、これらの内容が一通り盛り込まれています。

（３）個別の条文ごとの検討

以下個別の条項ごとに気付いた点を指摘します。なお、変更・終了については別項目にて詳しく解説します。

①　第３条（信託財産―不動産）について

法務

「経済的物理的一体性を有するもの」という概念が何を指すのか不明確です。

なお、相続の実務において、家の中に価値ある動産がある場合（もう少ないかもしれませんが、例えば象牙とか金の延べ棒とか）がある場合には、それらが信託財産に入るかどうかなどを明記しておかないといけないケースもあるかもしれません。

②　第４条（信託不動産の瑕疵に係る責任）について

法務

信託においては、信託する不動産の管理を信頼できる人に任せる、というもので、他人への売買とは異なる面があります。このことから、最近の契約書には、この条項が入っていないものも増えてきています。

そして、条項を置く場合においても、債権法改正に伴い「瑕疵担保責任」という用語が「契約不適合責任」に変わっている点などを考慮する必要があります。

③　第６条（信託財産責任負担債務）について

法務

ここまで包括的に信託財産責任負担債務とする意図があるのか気になります。今回の場合、将来への備えとしての実家の処分権限を任せる信託なので、あまり借入等も想定されないと思われます（後述）。

④　第７条（委託者の地位の不承継）について

法務

本件では、相続人が長女と二女の２名になるため、何ら条項がない場合には委託者の地位が２人の相続人に承継されます（信法 147 参照）。

そういう意味では、この条文のように「地位不承継」を定めておくのは法律関係を明確にする意味でありだと思います。

登記・**税務**

すでに**第１章**の総論のところでも説明したとおり（P.57 参照）、一般論として終了時の登録免許税との関係では、条項としては次のようなものが良いと思われます（ただし、本件ではこの条項がなくとも登録免許税は 1000 分の４です）。

◆条項例

> 委託者の地位は相続により承継せず受益者の地位とともに移転する。

⑤　第８条（受託者）について

法務

この任務終了事由について、信託法 56 条１項３号以下を適用除外しているように見えます。もっとも、同法 56 条本文においても定められているとおり、受託者の任務終了事由としては同法 56 条１項１号、４号から６号について別段の定めを置くことが許容されていないので支障はないと思われます。

あとは、登記のところでも解説しますが、「受託者の任務を遂行することが著しく困難である旨の医師の判断を受けた場合」という任務終了事由で受託者の変更が実務上問題なくできるかという点の検討は必要です。

◉◉ 登記

「受託者の任務を遂行することが著しく困難である旨の医師の判断を受けた場合」とは、後見開始・保佐開始の審判はされていないものの、疾病等で受託者である雅子さんの判断能力が低下した場合も想定していると思われます。

医師が、受託者の任務遂行が著しく困難であることを直接、判断（診断）できるかという問題もありますが、仮に医師の判断で任務終了と認定できたとします。その場合、後継受託者の貴子さんが、信託に関する権利義務を前受託者の雅子さんから承継します（信法75①）。ですので、信託財産に属する不動産について、雅子さんから貴子さんへの所有権移転登記を申請することになります。ところが、雅子さんが疾病などによる判断能力の低下で、登記の申請意思の表示を有効にできない場合、この所有権移転登記はできなくなってしまいます。

その後、委託者の前田陽子さんが施設に入って不動産の売却が必要となったとき、その売却主は受託者です。しかし、前受託者の雅子さんの任務は終了していて、売主となるべき後継受託者の貴子さんへ所有権移転登記ができていないとなると、買主への所有権移転登記ができない、つまり売却自体ができないおそれがあります。

前受託者に後見または保佐開始の審判があったとき、後継受託者への所有権移転登記は、後継受託者の単独で申請できます（不登法100）。しかし、後見や保佐開始の申立てをする前に、判断能力が低下した前受託者を後継受託者に交代させたいというニーズはあると思います。これに備えて、事前に受託者が第三者と任意後見契約を締結しておき、前受託者から後継受託者への所有権移転登記等の信託財産の承継手続を代理権に含めておくということも考えられます。しかし、現時点で自分自身の財産管理・身上の保護にまだ不安はないであろう50歳前の受託者が、実質的に信託財産の承継手続のためだけに任意後見契約を締結することが、現実的かどうか疑問もあります。

受託者の判断能力低下と新受託者への権利義務の承継については、ⓘ受託者の任務終了（判断能力の低下）を誰がどのようにして確定させるのか、ⓘⓘ新受託者への信託財産の承継手続を誰が行うのか、という２つの問題があります。現在のところ、良い対処法は見つかっていません。引き続き研究、検討が必要な部分だと思います。

⑥　第９条（受託者の信託事務）について

法務

最近の契約書では、受託者の権限に関する定めと受託者の事務についての定めが分けて書かれているケースも見られるようになってきました。

本契約書においても、その点を意識したうえで受託者の権限と事務を意識して分けていますが、実際には事務と権限が同一となっており、その意図がよくわかりませんでした。

あと、これはケースバイケースなのですが、今回の信託は実家を処分するための信託だとすると、あまり借入等が想定されないと思われます。そのような場合に借入権限の条項を入れておくことが良いのかどうかという点は検討をする必要があります。

過去に、遺言の執行のケースにおいて遺言執行者の権限の中に「貸金庫の開扉」という文言が入っていたために、実際には被相続人には貸金庫がないにもかかわらず相続人間で貸金庫があるのでは、との疑念が生まれてもめたことがあるという話を聞いたことがあります（最近、この点について「貸金庫がある場合にはその開扉権限」とする定めを見て、一つの工夫だなと思ったこともありました）。

⑦　第10条（信託事務処理の第三者への委託）について

法務

信託法28条において、受託者が信託事務を第三者に委託することを信託契約の中に盛り込むことは許容されています。

ただし、受託者の業務をそっくりそのまま第三者に任せるのは、信託業法における受託者規制の潜脱行為になってしまうおそれがあったり、また受託者の忠実義務（信法30）との関係でも問題があったりするのでは、という指摘があります。そういう意味では、この契約書のように「信託事務の一切」というような形で表現をするのはあまり好ましくないかもしれません。

委託者自身がそれまでやっていた業務があるのであれば、受託者としては基本的にはそれを自ら行うことをベースとしつつ、税の申告や不動産の実際の管理という部分について専門家の力を借りてやっていく、というくらいのスタンスが良いでしょう。

⑧　第18条（信託の変更）について

法務

この定めの意図としては、信託法の適用を除外するところを意図しているのかという点が気になります。**第1章**でも説明したとおり、「受託者および受益者の合意」がある場合だけが変更できるのか、それとも信託法の定める場合に加えて「受託者および受益者の合意」がある場合を追加的な変更事由として加えるのかについては疑義が生じないような定めが必要です。

⑨　第21条（帰属権利者）について

法務

今回の場合に終了事由として想定されるのは、受益者が死亡したときだと思います（信託の終了の詳細については後述）。しかしながら、第１項においては、本信託終了時の信託財産の帰属権利者は「受益者」としています。本契約書においては、第２項で死亡終了時の帰属を置いているため問題はありません。

仮に第２項を置き忘れてしまうと、もともとの委託者の意向からすると、財産は２分の１ずつ帰属させたい、という要望があってもその思いは叶えられません（是非は別として、そうしたい場合であれば受益者連続にして二次受益者を２人置く形とするか、帰属権利者を２人にするかという方法を取る必要があります）。仮に、この定める内容が相談者の意図と異なることが後日判明したような場合には、信託契約の変更（修正）を行うことが必要です。

第５　信託の終了をめぐる検討

第４では、契約書全般についての気付きを指摘しましたが、以下では、信託の終了にスポットをあてて解説します（最後に、信託の変更にも触れます）。

１　信託終了時の財産の帰属について（不動産）

（１）法務の観点からの検討

本件において、相談者（委託者）の意向としては、２人の娘に２分の１ずつ渡したいという思いがあります。

その時にまず注意したいのは、不動産についてです。よく不動産についても２分の１ずつの共有とする契約書を見ますが、信託終了時において当該不動産を共有名義にすることは（一般論として）その後の管理や承継において問題が起きやすくなります。

本件の例では自宅について売却する場合はともかく、そうでない場合には、実際にその不動産に住む人がいるケースにおいてはその人だけに帰属するような形にしたほうが良いかもしれません。

最近の工夫された事例としては、

ⅰ　不動産が残っていた場合には不動産は○○へ、その他の資産は△△へ

ⅱ　不動産を売却していた場合には、その代金も含めた形で財産を○○と△△に２分の１ずつ

というようなものも見受けられます。どのような内容が良いかは事案により異なりますので、上記の定めが良いというわけではないですが、参考にしてみていただければと思います。

（２）登記の観点からの検討

①　残余財産の帰属の時期と登記

本件の信託は、委託者（兼受益者）の意向からすると、本件契約書19条（２）の「受益者が死亡したとき」に終了することを想定していると思われます。この場合、契約書21条２項の「受益者の法定相続人」は２人の娘ですので、「割合が同一」なら２分の１ずつの残余財産の帰属を想定していると思われます。

ところで、残余財産はいつの時点で帰属権利者に帰属する（権利が移転する）のでしょうか。

この点について、信託法の立案担当者は、「残余財産の帰属主体への権利移転時期については、学説上争いがあるが、新法では、この点については特段の規定を設けず､解釈に委ねることとしている」（寺本昌広著『逐条解説 新しい信託法〔補訂版〕』380頁・商事法務）としています。権利移転の時期については、信託が終了した時点、帰属する残余財産が特定した時点などの見解がありますが、横山亘著『信託に関する登記〔最新第二版〕』（565頁・テイハン）では、「引継日とは、個々の信託財産の物権変動の日であり、信託行為に別段の定めがない限り、一般原則に従い、当事者の合意日に個々に移転するも

のである。」と記されています。この見解に立つと、帰属権利者が複数の場合、帰属権利者ごとに権利移転の時期が異なることがあり得ます。

この権利移転の時期（物権変動の時期）は、登記手続においては登記原因の日付となります。帰属権利者ごとに権利移転の時期が異なると、登記原因も異なることとなり、同じ不動産であっても別々の登記申請となります（不登令４）。

②　帰属権利者が複数で権利移転の時期が異なる場合

ア　２人の娘が帰属権利者となる場合

２人の娘が帰属権利者となる場合、帰属の時点で受託者は雅子さん、帰属権利者は雅子さん、貴子さん（各持分２分の１）となります。

雅子さんは受託者でもあり帰属権利者でもあります。当事者の合意日に個々に移転するとの上記見解に従うと、雅子さんに帰属する２分の１の部分については、「当事者の合意」は不要ですので、残余財産が特定したときに雅子さんに帰属する、または、雅子さんが自分に残余財産を帰属させる意思表示をしたら、その時点で帰属するなどが考えられます。

貴子さんについては、雅子さんと残余財産の帰属について合意した時点で帰属することになりますので、雅子さんに帰属した時期とは異なる場合があります。

その場合、帰属権利者に帰属させる登記は、

ⓘ　加藤雅子２分の１：受託者の固有財産となった旨の登記

ⓘⓘ　秋山貴子２分の１：所有権一部（または持分全部）移転登記

の各登記と信託登記の抹消の登記となります。

ⓘの登記を１件目、ⓘⓘの登記を２件目で申請するとして、信託登記の抹消の登記はどの登記と同時に行うことになるでしょうか。

ⓘの登記と２分の１についての信託登記の一部抹消（変更）、ⓘⓘ

の登記と残りの２分の１についての信託登記の抹消を申請することが考えられます。しかし、これについては信託財産の一部が信託財産でなくなった場合、その持分については特別な公示なくして信託財産から当然に除外されると考えられています（横山亘著『信託登記に関する登記〔最新第二版〕』357 頁・テイハン）。そうすると、

１件目ⓘ　受託者の固有財産となった旨の登記

２件目ⓘⓘ　加藤雅子持分全部移転登記および信託登記の抹消の登記

または、アとイが逆であれば

１件目ⓘⓘ　所有権一部移転登記（秋山貴子へ２分の１移転）

２件目ⓘ　受託者の固有財産となった旨の登記および信託登記の抹消の登記

となり、１件目に信託登記の一部抹消（変更）の登記は不要となります（ただし、一部抹消（変更）登記をすべきとする見解もあります。藤原勇喜著『信託登記の理論と実務〔第３版〕』394 頁・民事法研究会）。

イ　帰属権利者のどちらかが先に死亡していた場合

例えば、受益者より先に娘の貴子さんが死亡していたとします。そして、貴子さんに２人の子がいたとします。そうすると、本契約書の 21 条２項「受益者の法定相続人」は、雅子さんと、貴子さんの子２人の合計３名となります。「割合は同一」ですので、３分の１ずつ残余財産が帰属することになります。

ところで、**ア**のように受益者が先に死亡したときと比べて、**イ**では、雅子さんの割合が減っています。果たして委託者はそれを望んでいたのでしょうか。もし、委託者が契約の時点で、娘が先に死亡していたときの残余財産の帰属の割合まで考えがめぐっていないのであれば、契約をサポートした専門家はそういうケースも想定して委託者の意向を確認しておくべきでしょう。

雅子さんと、貴子さんの子２人への残余財産の帰属の登記は、移転先は異なる部分はありますが、方法は**ア**と同じになると考え

られます。

③ 登記申請書の例

①および②で検討した登記についてそのまま当てはまる記載例等はありませんが、イのケースで帰属権利者に帰属させる登記の登記申請書の例は次のとおりです。

（１件目）　　　　登　記　申　請　書

登記の目的　　受託者加藤雅子持分３分の１の固有財産となった旨の登記
原　　　因　　令和○年○月○日　信託財産引継
権利者兼義務者　○○市○○町○番地○
　　　　　　　　持分３分の１　加藤雅子
添付情報　　登記原因証明情報　登記識別情報※１
　　　　　　印鑑証明書　代理権限証明情報

送付の方法により登記識別情報通知書の送付を希望します※２
送付先　資格者代理人の事務所
令和○年○月○日申請　○○法務局○○支局　御中
代　理　人　　○○市○○町○番地○
　　　　　　　司法書士　○　○　○　○
　　　　　　　電話番号　○○○—○○○—○○○○
課税価格　　移転した持分の価格　金○○○○円
登録免許税　　金○○○○円　登録免許税法第７条第２項※３
不動産の表示　（省略）

（２件目）　　　　登　記　申　請　書

登記の目的　　加藤雅子持分全部移転及び信託登記抹消
原　　　因　　持分移転　令和○年○月○日　信託財産引継
　　　　　　　信託登記抹消　信託財産引継
権　利　者　　　○○市○○町○番地○
　　　　　　　　　　持分３分の１　○○○○
　　　　　　　　○○市○○町○番地○
　　　　　　　　　　持分３分の１　○○○○
義　務　者　　　○○市○○町○番地○
（信託登記申請人）　　　　　　加藤雅子
添付情報　　　登記原因証明情報　登記識別情報
　　　　　　　印鑑証明書　住所証明情報
　　　　　　　代理権限証明情報

送付の方法により登記識別情報通知書の送付を希望します。
送付先　資格者代理人の事務所
令和○年○月○日申請　○○法務局○○支局　御中
代　理　人　　○○市○○町○番地○
　　　　　　　　司法書士　○　○　○　○
　　　　　　　　　電話番号　○○○—○○○—○○○○
課税価格　　　移転した持分の価格　金○○○○円
登録免許税　　　金○○○○円
　　　　　　　　移転分　金○○○○円　登録免許税法第７条第２項※３
　　　　　　　　抹消分　金○○○○円
不動産の表示　　（省略）

※１　不動産登記法100条の２第２項は、受益者が登記義務者のとき、登記識別情報の提供を要するとした同22条の規定を適用しないとしています。これは、受益者は信託財産に属する不動産の所有権登記名義人ではなく、登記識別情報の通知を受けていないので、提供ができないことによります。ですので、本件でも受託者が帰属権利者で受益者とみなされていますので、登記識別情報の提供は要しないとも考えられますが、受託者として登記識別情報の通知を受けている登記義務者ですので、原則に戻って提供するものとしています。

※２　法務局によっては、本件のように受託者が帰属権利者として残余財産が帰属する登記について、登記識別情報を通知しない取扱いをしているようです。なお、信託法改正時は、信託財産が受託者の固有財産となった場合、「所有者（受託者の住所・氏名）」を記録するとされていましたが（平成19年９月28日民二第2048号記録例22)、現在の登記記録例（平成28年６月８日民二第386号記録例564）では、受託者単独の場合、受託者の住所・氏名は記録されておらず、不動産登記法21条の「申請人自らが登記名義人となる場合」に該当しないという見解もあるようです。

※３　本件は、信託の設定時から終了まで陽子さんが委託者兼受益者で、帰属権利者である雅子さんと、貴子さんの子は陽子さんの相続人ですので、登録免許税法７条２項の適用があると考えられます。

④　帰属権利者が複数で権利移転の時期が同じ場合

①で雅子さんと貴子さんの残余財産の権利移転の時期が同じだった場合、登記については登記原因が同一となります。しかし、一方は権利の変更（受託者の固有財産となった旨）の登記、もう一方は持分移転登記ですので、登記の目的が異なるため、同じ不動産でも一括申請はできないと考えられます。

法務局によっては、受託者への残余財産の帰属の登記も変更ではなく移転で構わないとされているようです。その場合、受託者ではない帰属権利者への帰属の登記と一括申請できることになります。

P.112で解説したとおり、受託者への残余財産の帰属の登記は、取扱いが統一されていませんので、現時点では、申請前に法務局と協議をする必要があると思います。

⑤　帰属権利者を協議で決定すると定めた場合

本契約書21条で、仮に「帰属権利者は受益者の法定相続人とし、最終的な帰属は帰属権利者の協議で決定する」と定めて、例えば雅子さんと貴子さんの協議で、雅子さんが取得すると決定した場合の登記はどうなるでしょうか。

第１章でも検討したように、この「協議」は遺産分割協議ではありません。また、このような定めは、ⓘいったん、雅子さんと貴子さんの共有で帰属、ⓘⓘ共有物分割で貴子さんの持分が雅子さんに移転すると解釈されるおそれがあります。

その場合の登記申請は、例えば、

ⓘ ２分の１が加藤雅子の固有財産となった旨の変更

ⓘⓘ ２分の１が秋山貴子に移転および信託登記抹消

（ここで加藤雅子と秋山貴子の共有）

ⓘⓘⓘ ２分の１が共有物分割により秋山貴子から加藤雅子に移転

のようになると考えられます。ⓘⓘⓘの登記は登録免許税法７条２項の適用はありませんので、不動産価格の２分の１に対する1000分の20となります。

また、２人の協議が調わない場合、遺産分割調停の申立てはできませんので、民事調停を申し立てることになります。調停が不成立だった場合の解決方法は、現在のところはっきりしていないことも**第１章**で述べたとおりです。

このように、残余財産の帰属を協議に委ねる定めは、思わぬ課税や解決不能な紛争を招くことのないよう注意が必要です。

（3）税務の観点からの検討

①　信託終了時の原則

本契約書では、「19条（2）により終了した場合の信託財産の帰属権利者は、受益者の法定相続人とし、その帰属割合は同一とする。」とされています。相続税においては受益者等の存する信託が終了した場合、残余財産受益者等は、当該信託の残余財産を当該信託の受益者等から贈与または遺贈により取得したものとみなされます（相法9の2④）。そこで本件不動産については、法定相続分である２分の１ずつ相続されたとして、相続税の課税がなされます。

②　実家を売却して施設の費用を捻出する

認知症対策での実家信託では、自宅を売却して施設への入所費用を捻出することを想定する場合が多いと思われます。自宅を売却して資金化した場合でも、当該金銭は信託財産に属するものとされています（信法16一）。ただし、受益者生存中に居住用不動産を売却した場合には、受益者が譲渡したものとして譲渡所得税が課税されます（所法13）。

ところで、居住用不動産を売却した時には、所有期間の長短に関係なく譲渡所得から最高3,000万円まで控除ができる特例があります。「居住用財産を譲渡した場合の3,000万円の特別控除の特例」（以下、「居住用財産の特例」という）です。不動産の譲渡で生じた所得に約20%から30%の所得税および復興特別所得税、住民税がかかりますが、信託だと受益者が不動産を有しているとみなされるためこの制度が使えることになります（措法35①）。

③ 受益者が亡くなって相続後に売却した場合

相続または遺贈により取得した被相続人居住用家屋または被相続

人居住用家屋の敷地等を、平成 28 年４月１日から令和５年 12 月 31 日までの間に譲渡して、一定の要件に当てはまるときは、譲渡所得の金額から最高 3,000 万円まで控除することができます。これを、「被相続人の居住用財産（空き家）に係る譲渡所得の特別控除の特例」といいます（措法 35③）。

実家を売却する前に委託者である母親が亡くなってしまった時、相続人である２人の娘は他の要件が充足されれば、空き家に係る譲渡所得の特別控除を受けることができます。詳しくは**コラム６**を参照してください。

コラム６

家族信託と居住用不動産（空き家）譲渡の特例

１　制度の概要

相続または遺贈により取得した被相続人居住用家屋または被相続人居住用家屋の敷地等を、平成 28 年４月１日から令和５年 12 月 31 日までの間に売却し、一定の要件に当てはまるときは、譲渡所得の金額から最高 3,000 万円まで控除できるという特例があります（措法 35③）。

２　特例の対象となる「被相続人居住用家屋」および「被相続人居住用家屋の敷地等」

(1)　特例の対象となる「被相続人居住用家屋」とは、相続の開始の直前において被相続人の居住の用に供されていた家屋で、次の３つの要件すべてに当てはまるもの（主として被相続人の居住の用に供されていた一の建築物に限る）をいいます。

イ　昭和 56 年５月 31 日以前に建築されたこと。

ロ　区分所有建物登記がされている建物でないこと。

ハ　相続の開始の直前において被相続人以外に居住をしていた人

がいなかったこと。

なお、要介護認定等を受けて老人ホーム等に入所するなど、特定の事由により相続の開始の直前において被相続人の居住の用に供されていなかった場合で、一定の要件を満たすときは、その居住の用に供されなくなる直前まで被相続人の居住の用に供されていた家屋（以下、「従前居住用家屋」という）は被相続人居住用家屋に該当します。

(2)　特例の対象となる「被相続人居住用家屋の敷地等」とは、相続の開始の直前（従前居住用家屋の敷地の場合は、被相続人の居住の用に供されなくなる直前）において被相続人居住用家屋の敷地の用に供されていた土地またはその土地の上に存する権利をいいます。

３　相続税法９条の２第４項の解釈

相続税法９条の２第４項では適正な対価を負担せずにその信託の残余財産の給付を受けるべき者（帰属すべき者を含む。以下において同じ）となった場合において、その信託の残余財産の給付を受けるべき者となった時において、その信託の残余財産の給付を受けるべき者は、その信託の残余財産をその信託の受益者等から贈与により取得したものとみなされ、贈与税が課税されることになり、その信託の受益者等の死亡に基因してその信託が終了した場合には、遺贈により取得したものとみなされ、相続税が課税されます（相法９の２④）。

４　死亡による終了取得が該当するか

当初委託者が死亡したことにより信託契約が終了して、居住用不動産を相続人が取得し売却する場合でも、所得税法上で当該不動産を相続により取得したものに該当するかの疑義があります。信託契約の終了により、帰属権利者である二次受益者が信託不動産を譲渡したときに、相続税法９条の２第４項においては清算手続を前提としており、受益権の信託財産である不動産を譲渡したときも、所得税法上の規定が準用されるのか、判然としていません。委託者死亡により信託を終了するという実務が行われていますが、今後の実務に委ねられるところがあります。

5　死亡により終了させない場合

死亡により終了させずに、相続人が信託受益権を取得し、当該不動産を譲渡した場合には、相続税法９条の２第２項により受益権を相続により取得したことになり、信託に関する権利または利益を取得した者は、当該信託の信託財産の属する資産および負債を取得し、または承継したものとみなして相続税法の規定を適用する（同６項）となり、信託受益権の相続として、相続税が課税されます。

受益権を相続により取得したことになると、当該不動産を譲渡した場合でも、所得税法13条の規定により、当該信託の信託財産に属する資産を有するものとみなし、租税特別措置法35条３項の適用があるものと考えられます。居住用不動産の空き家特例の利用を想定する場合には、慎重に判断する必要があります。

コラム７

配偶者居住権と信託

1　配偶者居住権の概要

配偶者居住権（民法1028）は、民法改正により創設され令和２年４月１日から施行された制度です。被相続人である夫が死亡した際、被相続人（故人）所有の建物（以下、「居住建物」という）に相続人である妻が住んでいた場合、終身または一定期間の居住が認められる権利のことです。

配偶者が配偶者居住権を取得した場合には、居住建物だけでなく、居住建物の敷地の利用権にまで及ぶことから、配偶者居住権の評価が相続税法に法律として規定されました。評価額は、建物の耐用年数、経過年数、居住権の存続年数で決まり、借家権や借地権のように自用価額から配偶者居住権の設定された所有権の評価額を控除して算出されます。

配偶者居住権は譲渡することはできませんが、居住建物の所有者の承諾を得た場合には、第三者に居住建物の使用または収益をさせること（第三者への賃貸）ができます（民法1032②③）。

2　税務上の特徴

(1)　配偶者居住権が消滅した場合の税務取扱い

配偶者が死亡した場合（民法1036、597③）や配偶者居住権の存続期間満了（民法1036、597①）により配偶者居住権は消滅するため、配偶者居住権が設定された建物等所有者に移転する財産はないことから相続税の課税対象になりません（相基通9－13の2（注））。

しかし、配偶者と建物等所有者との間の合意により配偶者居住権が解除された場合、もしくは配偶者が配偶者居住権を放棄した場合に、建物等所有者が対価を支払わなかったとき、または著しく低い価額の対価を支払ったときは、原則として、その消滅直前の配偶者居住権の価額に相当する利益等に対し配偶者から贈与により取得したものとして取り扱われることとなり、贈与税が課税されます（同通達本文）。

(2)　二次相続税までの負担を考慮

配偶者居住権を設定したことにより、一次相続で建物や敷地の所有者となる子の相続税が軽減した部分について、配偶者の死亡等の場合には、上記のように相続税や贈与税等の課税は生じません。二次相続が近いようなケースでは配偶者居住権の設定により、一次相続と二次相続を合わせた相続税に変化が生じます。遺産分割については、この点を考慮しなければなりません。

3　後継ぎ遺贈型受益者連続信託の利用

信託法の改正により、後継ぎ遺贈型の受益者連続信託（受益者が次々変わっていくような信託）が可能となりました（信法91）。これは、ある受益者の死亡により、その受益者の有する受益権が消滅し、次の者が新たな受益権を取得する旨の定め（受益者の死亡により順次他の者が受益権を取得する旨の定めを含む）のある信託のことです。

この信託の効力は、信託の設定時から30年を経過した時以後に現する受益者が当該定めにより受益権を取得した受益者が死亡するまで、またはこの受益権が消滅するまでの間とされています。

後継ぎ受益者連続信託の活用例としては、居住用不動産所有者の先妻が死亡した後に後妻を迎えた場合、後妻にはずっと安心して住んでいてもらいたいので不動産を相続させるが、後妻が死亡した後は先妻の長男に相続してもらいたいというケースです。

【事例図】

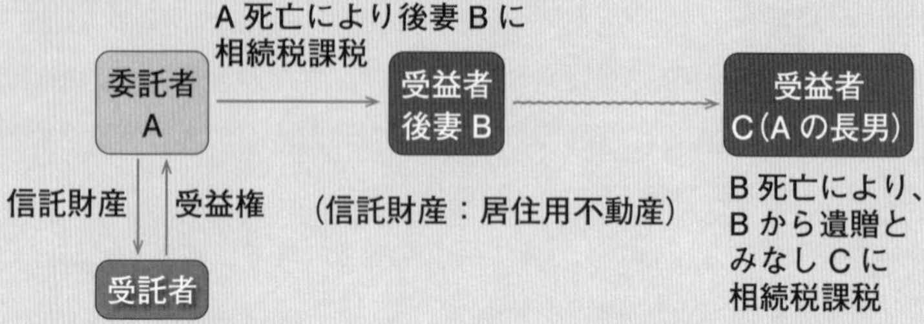

後妻に受益権を相続させて、後妻の死亡後には信託を終了し先妻の長男Cを帰属権利者としておけば、長男Cが居住用不動産を取得することになります。後妻Bには被相続人Aからの受益権が相続財産として相続税の課税対象となります。そして、Bが亡くなったときには長男Cには後妻Bからの受益権の遺贈として相続税が課税されます（相法9の2④）。

後妻Bと長男Cとは親族関係にはありませんから、この時の相続税は2割加算となります。

4　配偶者居住権の代わりに信託を組成

配偶者居住権は配偶者のために居住建物の使用収益権のみが認められ、処分権のない権利を創設することにより、遺産分割の際に配偶者が居住建物の所有権を取得する場合よりも低廉な価額で居住権を確保することができるようにすることを目的としています。配偶者居住権は原則として残存配偶者の終生の期間存続することになりますが、譲渡性は認められていません。しかし、配偶者が居住用不動産に居住し続けられなくなった場合、配偶者居住権付不動産の利用についてまでは手当がされていません。高齢社会においては、自宅で生活するより、介護施設等へ転居する割合が多くなってきています。

配偶者が不動産を所有しているならば、認知症を発症しても成年後見人が裁判所の許可を得て居住用不動産を処分し、介護施設への移転を進めることができます。しかし配偶者居住権だけしかないと、不動産所有者である他の相続人の承諾を得て、第三者に使用収益させて対価を得るか、譲渡して対価を得る方法を模索するしかありません。特に、被相続人の生前に配偶者居住権の設定を定める場合には、当初の想定とは大きく異なる方向に進むかもしれないリスクがあることを考慮しておかなければなりません。

一方、家族信託であれば受託者に管理処分権が移るので、受託者が残った配偶者の状況を適切に判断して処分し、治療費の補填や介護施設への転居をすることも可能です。資産承継に関しては適任となる受託者が存在すれば、家族信託を利用することにより、柔軟な対応が進むのではないかと考えられます。

信託の有用性は、将来の不測の変化に対する対応を、受託者やその他の関係者の裁量性のある適切な判断に委ねて柔軟に対応することができるという点です。残った配偶者の生存中は不動産を換価処分してその必要性に供することを可能にします。

２　信託終了時の財産の帰属について（金銭）

（１）法務の観点からの検討

本件では、事例の冒頭でも説明したとおり、信託財産について信託口口座を開設しない形で受託者名義の口座での財産管理となっています。

この場合、次のような問題が生じ得る点を認識しておく必要があります。

ⅰ　信託終了時に相続人間に争いが起きたときの対応
ⅱ　当初受託者が死亡した場合の財産管理引継ぎの対応

①　信託終了時に相続人間に争いが起きたときの対応

家族が仲良く分けることができる人間関係がある場合には問題ないのですが、相続のタイミングというのは様々なことを考えることも多いため、その時点で関係者がコミュニケーションを円滑に取ることが難しくなる場合もあります。

信託財産管理のための口座とはいえ、受託者個人の口座ということであれば信託契約に２分の１ずつと記載してあった場合であっても、受託者が「これは私の財産です」と主張して分配に応じてくれないということも起こり得ます（このような事態が起きた場合には、分配を求める側が訴訟等を起こして対応していく必要がありますが、その際には当該口座の中のお金が信託財産であることを主張、立証していく必要があります）。

本契約書においては、「受託者名義の○○銀行の○○支店口座番号○○の普通預金」で信託財産を管理するなどとの定めがないため、争われたときには面倒なことにもなりかねません。

②　当初受託者が死亡した場合の財産管理引継ぎの対応

本信託契約では二次受託者を置いているため、当初受託者が死亡したときには財産の管理は二次受託者に切り替わります。

ただし、受託者個人の口座を活用していることから、受託者が死亡したときには銀行の手続きにおいて「相続手続」を行う必要が出てきてしまいます。よって、当初受託者の相続人の協力が得られない場合などには円滑な財産管理の引継ぎができない、という問題も起き得ます。

信託財産である金銭については、信託財産である金銭を管理するための専用の口座として「信託口口座」による管理が推奨されています。これは、信託という法律関係に対応した口座となるため、(**1**)ⅱの場合などにおいては相続手続ではなく口座の名義変更をしてもらったりすることが可能となります（ただし、この点についても「信託口口座」の取扱いの内容については金融機関ごとに異なる面があるため、地域の金融機関にその取扱いの確認をしておくことが望ましいでしょう）。

なお、信託口口座についての内容をまとめたものとして、日本弁護士連合会から2020年９月10日付で「信託口口座開設等に関するガイドライン」が出ていますので、そちらも参考にしてみてください。

3　信託契約の変更について

１、２で述べたとおり、契約の内容に不足があるようなときには、信託契約の内容を変更する必要があります。

特に、登録免許税との関係で問題となる委託者の地位の定めや、帰属権利者の定めについては、変更を考えるケースも多いです。

事例２ 親なき後対策

第１　事例の概要

（1）ケース１

相談者は 40 歳代の夫婦です。夫婦には、18 歳の長女と 15 歳の長男の２人の子どもがいます。そして、長男は生まれつき重度の障害を持っています。

今は相談者も若く元気ですが、これから先のことを考えるとあらかじめ何か対応をとっておかないといけないと思うようになったといいます。また、成年の年齢が 18 歳になるというニュースを聞いて、あせっています。

（2）ケース２

相談者は 70 歳代の夫婦です。こちらの夫婦には１人娘（40 歳代・障害あり）がいますが、一人で生活する力がなく、今も施設の力を借りながらなんとか生活をしているところです。

相談者夫妻は、娘が将来の生活に困らないようにということで、一生懸命節約をして生活をしてきました。資産としては自宅のほか、預貯金で 4,000 万円ほど蓄えています。相談者夫妻は現在年金生活ですが、十分に生活ができています。

第２　事例における対応

ケース１もケース２もいずれも障害を持った子どもの生活をどうしたらよいかという相談です。

以下、各事案において検討すべき点を解説していきます。

（１）ケース１について

相談者夫婦が元気な今は、子どもの生活はみられると思います。ただ、次の２つの点は考えていかないといけません。

①　年齢との関係

現在15歳ということで長男は未成年者です。そのため、両親は親権者としていろいろなことを行います。今は20歳が成年年齢のため、まだまだ時間はあるように思えますが、注意をしておかないといけない点があります。

2022年４月１日から「民法の一部を改正する法律」が施行され、以後成年年齢が18歳に引き下げられます。つまり、2022年４月１日の時点において、18歳以上20歳未満の人については、2022年４月１日に成年に達するという扱いになるということです。子が未成年のうちには親権者の立場で様々なことをしてあげられますが、子が成年になったあとはそうはいきません。そういう意味では、早めに対策をとっていくことが望ましいでしょう。

②　長女に負担がかかりすぎないような仕組みづくりを

今回のケースでは、年齢の近い長女がいるので、将来の設計としては長女の力を借りたうえで家族信託をしていくことなどが考えられます。

そのときに注意しなければならないことは、長女にその負担をすべて押し付けてしまうことがないようにすることです。

また、「長男がこれから困るだろうから、全財産は長男に相続させる」としないことです（もちろん、長女の了解がある場合は別ですが）。

これから長女が独立し、結婚をし、というような時期が来たときに、いくら弟とはいえ、無償でずっと支えるというのはなかなか難しい面もあります。この点は、将来への備えを作っていく中でしっかりと考えないといけません。

（2）ケース２について

このような相談は今後増えていくと思われます。この分野にかかわる者としては、どのような社会資源（受けられる行政の支援や民間の支援）があるか、ということについてもしっかりとアンテナを張っておかないといけません。単に信託をすればそれで終了とはなりませんので、注意しておく必要があります。

第３　信託契約書

ケース１において、長女が成人となり受託者を引き受けてくれた場合（未成年者は受託者となることができません（信法７））、ケース２においては信頼できる親族が受託者を引き受けてくれた場合を想定して、以下の２つの信託契約書を作成しました。

ケース１

不動産および金銭管理信託契約書

委託者「山本父男」(以下､「甲」という）および受託者「山本長女」（以下、「乙」という）は、次のとおり信託契約（以下、「本契約」という）を締結する（本契約に基づく信託を、以下、「本信託」という）。

（信託の成立）

第１条　甲は、次条に定める目的達成のために、乙に対し、甲が有する別紙財産目録記載の財産を信託し、乙はこれを引き受けた。

（信託の目的）

第２条　本信託の目的は、以下のとおりとする。

（１）　受益者の財産管理能力が低下したとき、または、欠いてしまったときの、受益者の財産管理の負担を軽減すること。

（２）　信託財産に属する不動産について、適切な管理、処分、その他必要な行為を行うこと。

（３）　受益者に対し信託財産に属する金銭から適切な金銭給付を行うこと。

（４）　受益者の安定した生活と福祉を確保すること。

（信託財産）

第３条　本信託開始時の信託財産は、別紙財産目録記載の財産とする。

２　本信託開始後に生じた下記の財産についても、信託財産とする。

（１）　信託財産に属する不動産の売却・賃貸その他、運用

または処分により得られた金銭
(2)　本契約第5条の定めにより、追加信託を受けた財産
(3)　信託財産に属する財産より生じる利息、賃料等の一切の果実
(4)　前各号に定めるもののほか、信託法の規定により信託財産に属することとなった財産

(信託財産への帰属、信託の登記および財産の引渡し等)

第4条　本契約の締結とともに、前条第1項の財産は信託財産に属する。

2　甲は乙に対し、本契約締結後速やかに、別紙財産目録1および2記載の不動産を引き渡し、信託による所有権移転登記および信託登記の手続きを行う。

3　前項の登記手続に要する登録免許税、およびその他の登記費用は、甲が負担する。

4　甲は乙に対し、本契約締結後速やかに、別紙財産目録3の金銭を交付する。

(追加信託)

第5条　委託者は、受託者との合意により、金銭の追加信託を行うことができる。

(受益者・受益権)

第6条　本信託の当初受益者は甲とする。

2　甲が死亡したときは、山本母美（以下、「丙」という）が受益権を取得する。

3　前項において、甲の死亡以前に丙が死亡していたとき、または、前項の定めにより受益権を取得した丙が死亡したときは、乙および山本長男（以下、「丁」という）が受益権を取得するものとし、受益権の割合は各2分の1とする。

4　本条第2項および前項において、甲の死亡により甲の有する受益権は消滅し、受益権を取得すると定めた者が新た

な受益権を取得するものとする。

5　甲死亡後の委託者の地位は、本条第２項および第３項の定めにより受益権を取得した者に移転するものとする。

（受益権の譲渡）

第７条　受益者は、受託者の同意なく、その受益権の分割、併合、譲渡または質入れその他の担保設定を行うことができない。

（受益債権）

第８条　受益者は信託財産から下記のとおり給付を受けることができる。

（1）　受益者は、信託不動産に居住することができる。

（2）　受益者は、本契約の目的に従って、受託者の判断に基づき、信託財産に属する金銭から給付を受けることができる。

（3）　受益者は、前項に定める金銭給付のほか、受託者の判断に基づき、受益者の医療費、施設利用料、社会保険料、その他生活および身上の保護等にかかる費用について、受託者が信託財産に属する金銭を、上記関係機関等に対して直接支払うことによって、信託財産に係る給付を受けることができる。

（信託不動産についての信託事務）

第９条　受託者は、本契約に特段の定めがある場合を除き、別紙財産目録１および２記載の不動産（以下、「信託不動産」という）について、次の各号に従って、自らの裁量で信託事務を行うものとする。

（1）　受託者は、前条第１号の定めに従い、信託不動産を受益者の居住の用に供する。

（2）　信託不動産の維持・保全・修繕またはリフォーム等の改良は、受託者が適当と認める方法、時期および範囲において行う。

（3）　受託者は、前項の信託不動産の維持等に必要な資金を金融機関から借入れすることができるものとし、その場合、当該借入債務は本信託の信託財産責任負担債務となる。

（4）　受託者は、前項の借入れの担保として、信託不動産に担保権を設定することができる。

（5）　受託者は、本信託の目的達成に必要と判断したときは、信託不動産を第三者に売却、解体、賃貸などの処分をすることができるものとし、時期、契約内容等については受託者の裁量で決定する。

（6）　受託者は、信託不動産の管理を第三者に委託することができる。

（7）　受託者は、前各号に定めるほか、信託不動産について、本信託の目的達成のために必要な事務を行うことができる。

（信託金銭についての信託事務）

第10条　受託者は、本契約に特段の定めがある場合を除き、別紙財産目録３記載の金銭および本信託の存続中に信託財産に属する財産となった金銭（以下総称して、「信託金銭」という）について、次の各号に従って自らの裁量で信託事務を行う。

（1）　受託者は、信託金銭を受託者の固有財産と分別するために、信託金銭管理のための専用預金口座を開設して信託金銭の管理をしなければならない。

（2）　受託者は、信託金銭を本契約第８条第２号および第３号の定めに従い、受益者に対する信託財産に係る給付に充てる。

（3）　受託者は、信託金銭を、前条の信託不動産についての信託事務に要する費用の支払い、前条第３号の借入金の返済、その他、信託事務を行うにつき生じた費用の支払いに充てることができる。

（4）　受託者は、前各号に定めるほか、信託金銭について、本信託の目的達成のために必要な事務を行うことができる。

（信託事務処理に必要な費用）

第11条　信託金銭が信託費用に不足する場合、受託者は、計算根拠を明らかにしたうえで、受益者甲に前払いの請求をし、または事後に不足分を請求することができる。

２　受託者が、自己の固有財産から信託費用を支弁したときは、信託金銭から償還を受けることができる。

（受託者の義務等）

第12条　受託者は、本契約の本旨に従い、受益者の利益のために忠実に信託事務の処理その他の行為を行い、かつ善良なる管理者としての注意をもって信託事務を処理するものとする。

２　受託者は、信託財産を、受託者の固有財産とは分別して管理し、それらの財産と混同してはならない。

３　受託者は、本契約第18条に定める各計算期間の末日における信託財産の状況を、現金出納帳、預金通帳および固定資産の評価証明書または納税通知書を提示する方法により、遅滞なく、受益者に報告するものとする。

４　前項において、計算期間内に信託不動産について売却または賃貸による収益が存するときは、受託者は収支計算書を提示する方法により、遅滞なく、受益者に報告するものとする。

（受託者の辞任）

第13条　受託者は受益者の同意を得て、辞任することができる。

（受託者の解任）

第14条　受益者は、次の各号に定める場合には、受託者を解任することができる。

（1）　受託者が法令または本契約に定める義務に違反し、受益者の是正勧告から１か月を経過しても是正されないとき

（2）　受託者に競売開始、破産手続開始または民事再生手続開始の申立てがあったとき

（3）　受託者が仮差押え、仮処分、強制執行または公租公課の滞納処分を受けたとき

（4）　その他受託者として信託事務を遂行し難い重大な事由が発生したとき

（受託者の任務終了）

第15条　受託者の任務は、次に掲げる事由により終了する。

（1）　受託者が死亡したとき

（2）　受託者が後見開始または保佐開始の審判を受けたとき

（3）　受託者が破産手続開始決定を受けたとき

（4）　受託者が辞任したとき

（5）　受託者が解任されたとき

（信託報酬）

第16条　受託者の報酬を月額金１万円とし、受託者は、毎月末日限り信託金銭から受領する。

（信託の変更）

第17条　委託者、受益者および受託者の合意により、本信託の内容を変更することができる。

（信託の計算期間）

第 18 条　本件信託財産に関する計算期間は、毎年１月１日から同年 12 月末日までとする。ただし、最初の計算期間は、本契約締結の日からその日の属する年の 12 月 31 日までとし、最終の計算期間は、信託の終了日の属する年の１月１日から信託の終了日までとする。

（信託契約の終了）

第 19 条　本信託は、次の事由により終了する。

（1）　委託者、受益者および受託者が合意したとき

（2）　信託法に規定する事由が生じたとき

（3）　甲、丙および丁の全員が死亡したとき

（清算事務）

第 20 条　清算受託者は、本信託終了時の受託者を指定する。

２　清算受託者は、清算事務を行うにあたっては、本契約条項および信託法令に従って事務手続を行うものとする。

３　清算受託者は、信託財産に属する債権の取立ておよび信託財産に係る債務を弁済したのち、帰属権利者に残余財産を引き渡すものとする。

（残余財産の帰属権利者）

第 21 条　本契約第 19 条第１号および第２号の事由により本信託が終了したときは、終了時の受益者を本信託の残余財産の帰属権利者に指定する。

２　本契約第 19 条第３号の事由により本信託が終了したときは、乙を本信託の残余財産の帰属権利者に指定する。

（契約に定めのない事項）

第 22 条　本契約に記載のない事項は、信託法その他の関係法令に従うものとする。

令和　　年　　月　　日

住　所
（甲）委託者　山本父男

住　所
（乙）受託者　山本長女

信託財産目録

1　土　地
（略）
2　建　物
（略）
3　金　銭
金○○○万円

以上

ケース２

不動産および金銭管理信託契約書

委託者「中村父男」（以下､「甲」という）および受託者「中村従姉」（以下、「乙」という）は、次のとおり信託契約（以下、「本契約」という）を締結する（本契約に基づく信託を、以下、「本信託」という）。

（信託の成立）

第１条　甲は、次条に定める目的達成のために、乙に対し、甲が有する別紙財産目録記載の財産を信託し、乙はこれを引き受けた。

（信託の目的）

第２条　本信託の目的は、以下のとおりとする。

（1）　受益者の財産管理能力が低下したとき、または、欠いてしまったときの、受益者の財産管理の負担を軽減すること。

（2）　信託財産に属する不動産について、適切な管理、処分、その他必要な行為を行うこと。

（3）　受益者に対し信託財産に属する金銭から適切な金銭給付を行うこと。

（4）　受益者の安定した生活と福祉を確保すること。

（信託財産）

第３条　本信託開始時の信託財産は、別紙財産目録記載の財産とする。

２　本信託開始後に生じた下記の財産についても、信託財産とする。

（1）　信託財産に属する不動産の売却・賃貸その他、運用

または処分により得られた金銭
（2）　本契約第5条の定めにより、追加信託を受けた財産
（3）　信託財産に属する財産より生じる利息、賃料等の一切の果実
（4）　前各号に定めるもののほか、信託法の規定により信託財産に属することとなった財産

（信託財産への帰属、信託の登記および財産の引渡し等）

第4条　本契約の締結とともに、前条第1項の財産は信託財産に属する。

2　甲は乙に対し、本契約締結後速やかに、別紙財産目録1および2記載の不動産を引き渡し、信託による所有権移転登記および信託登記の手続きを行う。

3　前項の登記手続に要する登録免許税、およびその他の登記費用は、甲が負担する。

4　甲は乙に対し、本契約締結後速やかに、別紙財産目録3の金銭を交付する。

（追加信託）

第5条　委託者は、受託者との合意により、金銭の追加信託を行うことができる。

（信託不動産についての信託事務）

第6条　受託者は、本契約に特段の定めがある場合を除き、別紙財産目録1および2記載の不動産（以下、「信託不動産」という）について、次の各号に従って、自らの裁量で信託事務を行うものとする。
（1）　受託者は、本契約第16条第1号の定めに従い、信託不動産を受益者の居住の用に供する。
（2）　信託不動産の維持・保全・修繕またはリフォーム等の改良は、受託者が適当と認める方法、時期および範囲において行う。

（３）　受託者は、前項の信託不動産の維持等に必要な資金を金融機関から借り入れることができるものとし、その場合、当該借入債務は本信託の信託財産責任負担債務となる。

（４）　受託者は、前項の借入れの担保として、信託不動産に担保権を設定することができる。

（５）　受託者は、本信託の目的達成に必要と判断したときは、信託不動産を第三者に売却、解体、賃貸などの処分することができるものとし、時期、契約内容等については受託者の裁量で決定する。

（６）　受託者は、信託不動産の管理を第三者に委託することができる。

（７）　受託者は、前各号に定めるほか、信託不動産について、本信託の目的達成のために必要な事務を行うことができる。

（信託金銭についての信託事務）

第７条　受託者は、本契約に特段の定めがある場合を除き、別紙財産目録３記載の金銭および本信託の存続中に信託財産に属する財産となった金銭（以下総称して、「信託金銭」という）について、次の各号に従って自らの裁量で信託事務を行う。

（１）　受託者は、信託金銭を受託者の固有財産と分別するために、信託金銭管理のための専用預金口座を開設して信託金銭の管理をしなければならない。

（２）　受託者は、信託金銭を本契約第１６条第２号および第３号の定めに従い、受益者に対する信託財産に係る給付に充てる。

（３）　受託者は、信託金銭を、前条の信託不動産についての信託事務に要する費用の支払い、前条第３号の借入金の返済、その他、信託事務を行うにつき生じた費用の支払いに充てることができる。

（４）　受託者は、前各号に定めるほか、信託金銭について、本信託の目的達成のために必要な事務を行うことができる。

（信託事務処理に必要な費用）

第８条　信託金銭が信託費用に不足する場合、受託者は、計算根拠を明らかにしたうえで、受益者甲に前払いの請求をし、または事後に不足分を請求することができる。

２　受託者が、自己の固有財産から信託費用を支弁したときは、信託金銭から償還を受けることができる。

（受託者の義務等）

第９条　受託者は、本契約の本旨に従い、受益者の利益のために忠実に信託事務の処理その他の行為を行い、かつ善良なる管理者としての注意をもって信託事務を処理するものとする。

２　受託者は、信託財産を、受託者の固有財産とは分別して管理し、それらの財産と混同してはならない。

３　受託者は、本契約第 21 条に定める各計算期間の末日における信託財産の状況を、現金出納帳、預金通帳および固定資産の評価証明書または納税通知書を提示する方法により、遅滞なく、受益者に報告するものとする。

４　前項において、計算期間内に信託不動産について売却または賃貸による収益が存するときは、受託者は収支計算書を提示する方法により、遅滞なく、受益者に報告するものとする。

（受託者の辞任）

第 10 条　受託者は受益者の同意を得て、辞任することができる。

（受託者の解任）

第11条　受益者は、次の各号に定める場合には、受託者を解任することができる。

（1）受託者が法令または本契約に定める義務に違反し、受益者の是正勧告から1か月を経過しても是正されないとき

（2）受託者に競売開始、破産手続開始または民事再生手続開始の申立てがあったとき

（3）受託者が仮差押え、仮処分、強制執行または公租公課の滞納処分を受けたとき

（4）その他受託者として信託事務を遂行し難い重大な事由が発生したとき

（受託者の任務終了）

第12条　受託者の任務は、次に掲げる事由により終了する。

（1）受託者が死亡したとき

（2）受託者が後見開始または保佐開始の審判を受けたとき

（3）受託者が破産手続開始決定を受けたとき

（4）受託者が辞任したとき

（5）受託者が解任されたとき

（信託報酬）

第13条　受託者の報酬を月額金1万円とし、受託者は、毎月末日限り信託金銭から受領する。

（受益者・受益権）

第14条　本信託の当初受益者は甲とする。

2　甲が死亡したときは、中村母美（以下、「丙」という）が受益権を取得する。

3　前項において、甲の死亡以前に丙が死亡していたとき、または、前項の定めにより丙が受益権を取得した後に丙が

死亡したときは、中村長女（以下、「丁」という）が受益権を取得する。

4　本条第2項および前項において、甲の死亡により甲の有する受益権は消滅し、受益権を取得すると定めた者が新たな受益権を取得するものとする。

5　甲死亡後の委託者の地位は、本条第2項および第3項の定めにより受益権を取得した者に移転するものとする。

（受益権の譲渡）

第15条　受益者は、受託者の同意なく、その受益権の分割、併合、譲渡または質入れその他の担保設定を行うことができない。

（受益債権）

第16条　受益者は信託財産から下記のとおり給付を受けることができる。

（1）　受益者は、信託不動産に居住することができる。

（2）　受益者は、本契約の目的に従って、受託者の判断に基づき、信託財産に属する金銭から給付を受けることができる。

（3）　受益者は、前項に定める金銭給付のほか、受託者の判断に基づき、受益者の医療費、施設利用料、社会保険料、その他生活および身上の保護等にかかる費用について、受託者が信託財産に属する金銭を、上記関係機関等に対して直接支払うことによって、信託財産に係る給付を受けることができる。

（受益者代理人）

第17条　本契約第14条第3項の定めにより丁が受益権を取得したときの丁を代理する受益者代理人として、下記の者を指定する。

住　所

　　氏　名　中村従兄

（受益者代理人の権限・義務）

第18条　受益者代理人は、信託法および本契約に定める受益者の裁判上および裁判外の一切の権限を行使することができる。

2　受益者代理人は、善良な管理者の注意をもって、前項の権限を行使しなければならない。

（受益者代理人の解任・任務終了）

第19条　受益者代理人の解任については、本契約第11条の定めを、任務終了については本契約第12条の定めをそれぞれ準用する。

（信託の変更）

第20条　委託者、受益者および受託者の合意により、本信託の内容を変更することができる。

（信託の計算期間）

第21条　本件信託財産に関する計算期間は、毎年1月1日から同年12月末日までとする。ただし、最初の計算期間は、本契約締結の日からその日の属する年の12月31日までとし、最終の計算期間は、信託の終了日の属する年の1月1日から信託の終了日までとする。

（信託契約の終了）

第22条　本信託は、次の事由により終了する。

（1）　委託者、受益者および受託者が合意したとき

（2）　信託法に規定する事由が生じたとき

（3）　甲、丙および丁の全員が死亡したとき

（清算事務）

第23条　清算受託者は、本信託終了時の受託者を指定する。

2　清算受託者は、清算事務を行うにあたっては、本契約条項および信託法令に従って事務手続を行うものとする。

３　清算受託者は、信託財産に属する債権の取立ておよび信託財産に係る債務を弁済したのち、帰属権利者に残余財産を引き渡すものとする。

（残余財産の帰属権利者）

第24条　本契約第22条第１号および第２号の事由により本信託が終了したときは、終了時の受益者を本信託の残余財産の帰属権利者に指定する。

２　本契約第22条第３号の事由により本信託が終了したときは、乙を本信託の残余財産の帰属権利者に指定する。

（契約に定めのない事項）

第25条　本契約に記載のない事項は、信託法その他の関係法令に従うものとする。

令和　　年　　月　　日

住　所
（甲）委託者　中村父男

住　所
（乙）受託者　中村従姉

信託財産目録

１　土　地
（略）

２　建　物
（略）

３　金　銭　　金〇〇〇万円

以上

第４　本契約書についての検討

第１と同様、一般的な指摘事項をしたうえで、変更および終了時の留意点について説明を加えていきます。

（１）ケース１について

①　第２条（信託の目的）について

法務

ここでは一般的な信託の目的が書かれています。ただ、今回の場合には、認知症対策というよりも、将来における長男の生活支援が主眼になるかと思いますので、そのあたりのことも目的から読み取れるとよいでしょう。もっとも、後出のとおり、いきなり受益者を長男とすることは税金の関係で問題がありますのでそうならないように注意してください。

②　第３条（信託財産）について

法務

第２項第３号に「利息、賃料等の一切の果実」という表現が出てきます。法律家にとっては「果実」という表現にあまり違和感はありませんが、一般の方からすると違和感を持たれる方も時々います。例えば、金銭のみの信託をしているような場合で、決済性預金を使っていると利息も生じないことから、この「果実」という表現を使わなくてよい場合もあります。

③　第５条（追加信託）について

法務

ここでは追加信託の定めが置かれています。追加信託の法的性質については争いがあるところですが、法的性質をどう捉えるかにかかわらず、どういうやり方で追加信託ができるのか、というところなど手続面も含めて明記しておくほうがよいでしょう。

◆条項例

第○条　委託者は、受託者との書面による合意により、金銭を追加信託することができる。
２　前項の追加信託された金銭については、本信託契約の定めるところにより管理するものとする。

この点について、「委託者が信託口口座に振り込んだときに追加信託の合意があったとみなす」という定め方も使われていますが、追加信託が法律行為の一つであることや、追加信託の対象を明確化しておくことが後日の紛争防止につながることなどからすると、上記のように書面による合意をしたうえで追加信託することが望ましいと思われます。

④　第６条（受益者・受益権）について

法務

冒頭でも述べたとおり、「すべての財産を障害のある子へ」という形にすると受託者である長女に負担がかかってしまうことから、本契約書のように受益権の一部が長女に行くようにしていることは一つの工夫としてありだと思います。

登記

事例１と異なり、この信託は当初の委託者兼受益者が死亡しても終了せず、次の受益者を定めています。将来、受益者が死亡したときにこの条項に従って受益者が変更し、その変更登記を行うことになりますので、この条項は信託目録の「その他の信託の条項」に登記する必要があると考えられます。

また、当初の委託者が死亡したとき、委託者の地位は誰に移転するのかも考えておく必要があります。本件で、母が受益権を取得したとき、委託者の地位に関する定めがない場合は、委託者の相続人全員に委託者の地位が移転すると考えられます。そうすると、受益者でない長女、受益者でも受託者でもない長男も委託者の地位を承継することになり、内部の権利関係が複雑になります。

さらに、**第１章**でも述べたように、信託が終了して帰属権利者に不動産を移転する登記について、登録免許税法７条２項の適用を受けられるようにするのであれば、「信託の効力発生時から委託者のみが受益者であること」の要件を満たす必要があります。

これらのことを解決するために、当初の委託者兼受益者が死亡した後、次の受益者を定めている場合、次の受益者に委託者の地位が移転する旨を契約書に定めておくことは有効だと思います。

委託者の地位の移転について契約書に定めたときは、将来の委託者の変更登記に影響するので、信託目録に登記をしておく必要があると考えられます。

税務

［１］　信託設定時

信託設定後、信託した財産の実質的所有者は甲であり、信託設定前も甲です。つまり、信託の設定により利益の移転が生じていないことから、信託設定時に課税は生じません（所基通13-5（1））。ただし、不動産の名義変更における登録免許税は生じます。しかし、受託者側において不動産取得税は生じません。

［２］　相続発生時

甲の相続発生時、受益者が乙、丙、丁に変更されます。この時点で、税制においては、甲から乙、丙、丁に財産が承継されたものとみなして、受益権の取得者である乙、丙、丁に相続税が課されることになります（相法9の2②）。相続税は取得した財産の価額に基づいて算定されますが、信託の場合は、受益権ではなく、受益権の元となる財産を評価して算定することになります（同⑥）。信託財産の各々について相続税評価額を算定して計算することになります。

本件は、**事例1**と異なり、当初の委託者兼受益者が死亡しても終了せず、次の受益者を定めている受益者連続型信託に該当します（相法9の3）。税務では受益者等が適正な対価を負担せずに移動した場合には、その都度相続税課税が行われます（相法9の2②）。

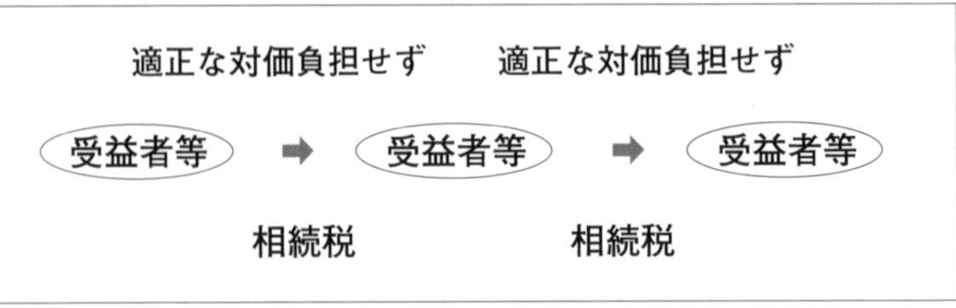

［3］　障害者の税額控除

長男は生まれつき重度の障害があることから、相続税の税額の計算上、障害者の税額控除を受けることができます。相続時に日本に住所のある人が被相続人の法定相続人であり、かつ、85歳未満の一定の障害者である場合に適用を受けることができる税額控除は以下の金額です（相法19の4①）。

特別障害者に該当する場合の控除額

20万円×（85歳－相続時の年齢）

特別障害者以外の障害者の控除額

10万円×（85歳－相続時の年齢）

身体障害者の方で障害者控除の適用を受けることができるのは、身体障害者手帳に、身体上の障害がある人として記載されている人であり、特別障害者は、身体障害者手帳に１級または２級と記載されている人です（相令４の４②一、所令10②三）。

［4］　特定贈与信託

特別障害者を受益者とする信託を委託者の生前に設定した場合、信託財産の価額のうち6,000万円（または3,000万円）までが贈与税の非課税となる特定贈与信託があります（相法21の4）。特定贈与信託は受託者が信託銀行か信託会社に限られてしまいますが、信託された財産について、生涯にわたって受益者に定額の資金を支給し、生活の安定を図ることができるものです。この贈与税の非課税部分については、相続税の計算上持戻しをする必要がないことから相続税対策にもなります。

信託財産については、金銭だけでなく不動産も可能ですが（相令４の11五、六）、信託銀行では原則的には金銭の受入れに限定されています。信託終了時の財産の帰属については、信託設定時点で自由に決めることができるため、法定相続人だけでなく、社会福祉法人等を指定することも可能です。

身体障害者の場合は、特別障害者に限定され、身体障害者手帳１級または２級の人が受益者でなければ利用できません。非課税限度額は6,000万円となります。知的障害者や精神障害者の場合で中程度の障害であるときは、非課税限度額が3,000万円に限定されます（相令４の８）が、この特定贈与信託の制度を利用できます。長男は重度の身体障害であることから、親が元気なうちに金銭の一部について特定贈与信託を設定するという選択肢も考えられます。

⑤　第９条（信託不動産についての信託事務）について

法務

第３号で借入れの定めを置いています。もっとも、実際に自宅の改修のための借入れにあたって金融機関がこの定めのみで融資をしてくれるかというと、多くの金融機関では追加の定めなどを求めてくると思われます。

実際には、父母が元気なうちには借入れに頼らない形での改修計画などをとっておくのがよいでしょう。

⑥　第10条（信託金銭についての信託事務）について

法務

第４号では、「信託金銭について……必要な事務を行うことができる」となっていますが、表現としては、「本信託の目的達成のために必要な事務のため信託金銭を使用できる」としたほうがよいでしょう。

⑦　第13条（受託者の辞任）について

法務

本契約書では、受託者が辞任をするのに受益者の同意を要すると定めています。この意図は、受託者が勝手にやめることがないようにブレーキをかけているということかと思いますが、仮に受益者の同意のもとで辞めるとなった場合、後継受託者がいないことから信託事務に支障が生じることも懸念されます。そのような問題が起きないように対応していくことが必要です。

⑧　第17条（信託の変更）について

法務

信託の変更については、**第１章**で詳しく述べましたが、本契約書の定めは、信託法149条1項の定めと同じ内容になっています。第2項以下の変更の規定を排除しているのか、それとも第1項の規定を確認的に定めているのか、という点に疑義が生じてきます。

信託法の適用を排除するのか否かという点については、ある程度明確にした形での定めが望ましいと思われます。

⑨　第19条（信託契約の終了）について

法務

ここでは第2項で信託法の定めを排除していないことを明確にしています。

この終了事由等については、次の項で詳しく説明します。

（2）ケース2について

①　第2条（信託の目的）、第3条（信託財産）第5条（追加信託）、第6条（信託不動産についての信託事務）、第10条（受託者の辞任）について

ケース1を参照してください。

②　第17条（受益者代理人）について

法務

長女は現在も施設の援助がなければ生活ができません。よって、長女が受益者となったとき、受託者を監督したり、変更等に合意したりすることは難しいと考えられます。そこで、本件契約では、代わりにその役目を担ってもらうために、受益者代理人を定めています。

受益者代理人を定めるときは、「その代理する受益者を定めて」おく必要があります（信法138①）。本契約書のように「○○を代理

する受益者代理人」などと、どの受益者の代理をするのかを明確にしておかなければなりません。

登記

受益者代理人があるときは、信託目録にその氏名等を登記することとされています（不登法97①四）。長女が受益者となったとき、受託者は受益者代理人の登記を申請することになります。

受益者代理人の登記については、代理する受益者の氏名等は登記する必要はありませんが（不登法97②）、登記しても差し支えありません（平成19年9月28日民二第2048号）。

受益者が複数いて頻繁に変更が生じるような場合は、受益者代理人の登記のみをして、受益者の登記を省略することも考えられます。しかし、本件は長女が受益者となったとき、受益者は長女一人ですし、長女が死亡すると信託が終了するなど今後の登記にも関係することなどから、受益者代理人とあわせて長女の氏名等を受益者として登記しておくのが好ましいと思います。

③　第20条（信託の変更）について

法務

本件契約の定めるところでは、受益者代理人が登場することが想定されていることから、そのことも踏まえたうえで契約条項が定めてあると良いでしょう。

その他の指摘事項はケース１と同様です。

④　第22条（信託契約の終了）について

後述します。

第５　信託の終了時の留意点について

（１）ケース１について

①　信託の終了事由について

法務

本件契約では第19条で信託の終了事由を定めています。その中でいくつか気になる点があります。

［1］　受託者が死亡したときの対応が記載されていない点

本信託において、可能性はそれほど高くはないかもしれませんが、受託者が先に死亡するということも考えられなくはありません。この場合の想定が本信託契約にはなされていないように思われます。

［2］　第19条第１号の定めの意図

第19条第１号の定めの内容について、「委託者、受益者および受託者が合意をしたとき」と定めを置いています。この定めはおそらく、信託法164条３項の定める「別段の定め」という意図で置かれていると思いますが、これまで繰り返し述べてきたとおり、信託法の定めるその他の合意終了事由を排除しているのかどうかについても、わかるように書いておいたほうが良いでしょう。

②　帰属権利者について

登記

本件契約の第21条第２項では、受託者が帰属権利者と定められています。帰属権利者が一人ですので、**事例１**のような複数の場合の複雑な論点はありませんが、受託者が帰属権利者となる登記には、登記の目的、原因、誰が申請人となるかなど様々な論点があることは、**第１章**で述べたとおりです。

（２）ケース２について

①　信託の終了事由について

法務

ケース１と同様、受託者が死亡した場合の対応が整理されていないように見受けられました。

あと、これはいろいろと考える必要がありますが、本契約書では第22条第３号において「甲、丙および丁の全員が死亡したとき」と定めていますが、この仕組み自体が丁のためだけの仕組みとして考えていくとすれば「丁が死亡したとき」という定めの方法もあり得るのかもしれません（もっとも、認知症対策という側面であれば今の形で良いと思います）。

②　帰属権利者について

登記

ケース１と同様に、**第１章**で述べたとおり、受託者が帰属権利者となる登記には様々な論点があります。

第６　その他

（１）ケース１について

ケース１の事例では、長男にはいつかのタイミングで成年後見制度の利用をする、ということも考えなければならないでしょう。

その際、あらかじめ人を決めておける任意後見を活用したいということであれば、長男が未成年のうちに親権者が法定代理人として任意後見契約を締結するなど準備しておくことが必要です（この対応が認められるかどうかは地域差があるようです）。

仮に任意後見制度を利用しない場合においても、法定後見の申立てを検討していくことが必要になります。

そういう意味では、後見のことを相談できる行政機関や専門家を見つけておくことが大切だと思われます。

（2）ケース2について

ケース1の場合はまだ委託者が若かったので検討しませんでしたが、ケース2の場合には、将来において自宅をどうするか、ということは考えておく必要があります。

自宅に住み続けるとすればどういう改修が必要か、住み続けないとすればどのタイミングで処分するか、ということを考えたうえで信託契約の内容を考えていく必要があります。

また、ケース2では親族を受託者としていますが、その場合においては信託監督人や受益者代理人を置くことで、信託の適正な運営の監督ができるような形をとっておくことが望ましいところです。

（3）信託契約の変更について

事例1で述べたとおり、信託契約書の内容に追加したり、修正したりする必要があれば、信託を変更する必要があります。

その際は、信託の変更について、どのような定めが置いてあるかが重要になってくるため、契約書を作成するときには注意してください。

コラム 8

遺贈寄付について

＊本コラムは司法書士の福村雄一先生によるものです。

クラウドファンディングが市民権を得たように、今、自分の手でできる社会貢献が注目されています。自分がやりたかったこと、応援したかったことを自分にできる範囲で実現する自己実現の手法の１つです。

そういった自己実現の中で、「遺贈寄付」という手法が少しずつ注目されてきています。その遺贈寄付とはどういった仕組みなのでしょうか。

遺贈寄付とは、自分が亡くなった時に遺産の一部または全部を非営利活動法人等に寄付することをいいます。同じ寄付ではありますが、クラウドファンディングは生前に効力が発生する寄付であって、遺贈寄付は死後に効力が発生する寄付という違いがあります。

遺贈寄付の具体的な例としては、４つほどあげられます。それは、①遺言による寄付、②死因贈与契約による寄付、③生命保険による寄付（生命保険信託）、④民事信託による寄付です。

実際、実務の現場では、子どものいない夫婦が「私たち夫婦は子供に恵まれなかったから児童養護施設に寄付したい」「ユニセフ、赤十字、京都大学 iPS 細胞研究財団などに寄付したい」という想いを実現するために遺言公正証書を作成する事例があります。障害のある子の親なき後をサポートする事案では、「最終的に残った財産はお世話になった施設に寄付したい」といった希望もよく聞かれるところです。

遺贈寄付の良いところは、死後に寄付の効力が発生するため、今現在の手持ちの財産が減ることが「ない」点にあります。

寄付というと多額の寄付を想像される方が多いと思いますが、遺贈寄付は少額でも可能です。実際に 1,000 円から遺贈できる団体も存在します。まさに、自分にできる範囲で実現する寄付ということになります。

一方で、寄付金で、名前を付した冠基金を作ることもできますので、将来自分が亡くなった後に自らの名前を付した基金を通じて社会貢献することも可能です。

遺贈寄付は、今後の自らの生活を優先しながら、金額の多寡にかかわらず、自らの希望に沿って将来実現できる寄付なのです。もっとも、自らの財産や生活環境は時間を追うごとに変化していきますので、寄付の気持ちにも変化が生じることがあります。

この点、遺言は、遺言者が単独で遺言書の内容を変更、撤回することが可能（民法 1022）です。しかし、民事信託の場合、信託契約において別段の定めがない限り、原則として、委託者・受託者・受益者の合意が必要（信法 149）となります。民事信託を組成支援する専門職として特に注意したいポイントです。

自らの希望に沿った寄付を実現するという意味では、遺留分に配慮して寄付を行うという視点も大切です。遺言であれ、民事信託であれ、相続人の遺留分を侵害した形で寄付をしてしまうと、相続人と受遺者（帰属権利者）との間で無用なトラブルを生じさせてしまう危険性があります。残された人が困らないよう、十分に配慮して組成支援することが必要です。

最近、遺言にしても、民事信託にしても、誰に承継させたいかを決めることができない、といった相談を受けるケースがあります。

遺言の場合、最高裁判所平成５年１月 19 日判決によれば、受遺者を誰にするか、その選定を遺言執行者に委託したとしても有効な場合があると判断していることから、遺言書の中に、遺言者が法人格の有無や種類、エリア等を限定したうえで、遺言執行者が受遺者を指定することができる旨の条項を置くことも十分に検討する余地があります。

民事信託の場合では、受益者指定権、受益者変更権を利用することが考えられます。

今回、自分の守備範囲内で行うことができる寄付という文脈で遺贈寄付を取り上げましたが、今後、日本社会においては、いわゆるおひとりさまや、子どものいない世帯が増えてきます。

特定遺贈・包括遺贈を利用するのか、清算型遺贈の手法を利用するのか、はたまた民事信託を利用するのか。

法律専門職には、依頼者の希望を叶えるにあたって最適な方法は何か、そういった視点を持って適切な提案を行うことがますます求められていくと思います。

事例３ 事業承継対策（自社株信託）

第１ 事例の概要

相談者は80歳の男性で、現在も会社の代表取締役として働いています。

相談者には２人の子がいて（長男55歳、二男50歳）、配偶者はすでに他界しています。

長男は10年前に会社に戻ってきて、現在は取締役として一生懸命頑張ってくれています。一方二男は、大学進学と同時に実家を出て、離れた地で就職をし、戻ってくる様子はないとのことです。

相談者もそれなりに年齢を重ねており、会社の事業の承継を考えないといけないと思っています。会社の株式については、相談者が100％有しています（発行済み株式総数１万株、１株あたり５万円の評価）。

相談者の資産としては、上記の自社株のほかは、預貯金2,000万円と不動産があります。不動産は自宅（約7,000万円）のほか、会社の土地・建物（約8,000万円）があり、会社の土地・建物については、会社に無償で利用させています。

相談者としては、会社のことはすべて長男に任せて、それ以外の財産については二男にも相続させたいと思っており、それについては遺言を書こうと考えているとのことです。

第２　信託契約書

＊本件では、株式にかかる契約書のみ紹介します。不動産については、**事例１**、**事例２**を参照ください。

株式信託契約書

委託者「甲野太郎」（以下、「委託者」という）と受託者「甲野一郎」（以下、「受託者」という）は、下記のとおり信託契約（以下、「本信託」という）を締結する。

（信託の目的）

第１条　委託者は、別紙株式目録記載の株式（以下、「本件株式」という）について、議決権を自らが判断できるうちに後継者である受託者に円滑に承継することにより、株式会社甲野商事の経営の安定を図ることを実現することを目的として信託し、受託者はこれを引き受けるものとする。

（当初受益者）

第２条　当初受益者は、委託者である甲野太郎とする。

（信託財産）

第３条　本信託における信託財産は、本件株式とする。

２　委託者は、受託者の承諾を得て株式会社甲野商事の株式を追加して信託することができる。

３　委託者および受託者は、共同して本件株式の株主名簿の書換手続その他会社法の定めるところにより必要となる手続きを行う。

（受益証券の不発行）

第４条　本信託に基づく受益権について、受益証券は発行しないものとする。

（議決権行使の指図権者）

第５条　本件株式の議決権の行使は、受託者である甲野一郎が行うものとする。ただし、委託者甲野太郎は指図権者として受託者に指図することができる。

２　本件株式の売買、贈与、質権等の担保権設定等の処分行為については委託者甲野太郎の指図を要する。

３　前項の規定にかかわらず、委託者に次の各号に定める事由が生じたときは、受託者は本件株式の議決権の行使および売買、贈与、質権等の担保権設定等の処分行為をすることができる。

（１）　委託者甲野太郎に後見、保佐、補助の審判または任意後見監督人選任の審判がなされた場合

（２）　前号のほか、委託者甲野太郎が指図権の行使を行わない場合または行うことができない場合（株主総会等において議決権の行使をするにあたって、受託者から委託者に対して指図権の行使を求めたにもかかわらず、直ちに指図権の行使がない場合および期限を決めて指図権の行使を求めたにもかかわらず、当該期限までに指図権の行使がない場合も含む）

（信託財産の管理）

第６条　受託者は、本信託成立後に株式について配当があった場合、その株式配当金については、受託者名義の信託口口座を作成したうえで、当該口座に入出金して管理する。

２　受託者は、信託設定日以降、本件株式を自己の固有財産と分別して管理するものとする。

（受託者の任務）

第７条　受託者は、本信託に従い、善良なる管理者の注意をもって、受益者に対して、忠実に信託事務を遂行するものとし、善管注意義務を履行する限り、責任は負わないものとする。

２　受託者は、議決権を行使するにあたり、委託者からの指図が法令に抵触する場合、指図権者の指図に従わなくても責任は負わないものとする。

３　受託者は、自らの信託事務処理の遂行にあたって第三者にその事務処理を委託することができるものとする。

（信託事務処理に必要な費用と受託者報酬）

第８条　株券の保管のための費用、議決権行使に係る書類の作成・保存・管理の費用、受益者への株式配当金の分配手続に係る費用その他信託事務処理に必要な費用は、信託財産の負担とし、受託者は信託財産に属する金銭からの支弁で不足を生じるときは、支払いの都度またはあらかじめ委託者に請求することができる。

２　受託者が信託事務を処理するにあたり過失なくして受けた損害の賠償についても同様とする。

３　受託者の報酬は無報酬とする。

（信託の終了事由）

第９条　本信託の終了事由は、次の各号のいずれか早い時までとする。

（１）　委託者が死亡したとき

（２）　受託者が株式会社甲野商事の経営を承継しない旨を表明したとき（委託者において受託者に対して経営を承継するか否かの確認を行った際に株式会社甲野商事の経営を承継する意思が確認できないと委託者が判断した場合を含む）

（3）　信託財産が消滅したとき

2　本信託は、前項に定める場合を除くほか、委託者および受託者が書面をもって合意する場合以外は終了することができない。

（清算受託者）

第10条　本信託終了時の清算受託者は次のとおりとする。

（1）　前条第1項第1号および第3号に定める場合　信託終了時の受託者

（2）　前条第1項第2号に定める場合　委託者

（3）　前条第2項に定める場合　合意により定める者

2　清算受託者の報酬は無報酬とする。

（残余財産の帰属権利者）

第11条　本信託の残余財産の帰属権利者は次のとおりとする。

（1）　第9条第1項第1号および第3号に定める場合　信託終了時の受託者

（2）　第9条第1項第2号に定める場合　委託者

（3）　第9条第3項に定める場合　合意により定める者

（信託契約の変更）

第12条　本信託は、本信託の目的の範囲に限り、委託者および受託者が書面をもって合意する場合以外は変更することができない。

（信託財産の計算期日および計算期間）

第13条　計算期日は12月31日とし、計算期間は毎年1月1日から12月31日までとする。ただし、本信託締結日から同年12月31日までを第1期とし、期間中の終了では1月1日から終了日までを期間とする。

2　受託者は、本信託開始と同時に、信託財産目録および会計帳簿を作成し、受益者に対して毎年12月末日および信

契約事例4

託終了日の信託財産状況報告および信託計算書を2か月以内に書面にて報告する。

3　受託者は、受益者から報告を求められたときは速やかに求められた事項を報告するものとする。

（契約に定めない事項）

第14条　本信託に定めのない事項については、委託者、受託者が本信託の目的および信託法の規定に従い誠実に協議する。

本信託を証するため、契約書2通作成して、委託者および受託者が各1通を保有する。

年　　月　　日

委託者　（住所）＿＿＿＿＿＿＿＿

（氏名）＿＿＿＿＿＿＿＿

受託者　（住所）＿＿＿＿＿＿＿＿

（氏名）＿＿＿＿＿＿＿＿

別紙

株式目録（信託財産）

本　　　店　広島県広島市中区・・・・

商　　　号　株式会社甲野商事

発行済み株式総数　10,000株（株券不発行）

甲野太郎様所有分　10,000株（うち、信託対象10,000株）

第３　本契約書についての検討

（１）本契約書についての気付き

本件の契約書についても、これまでと同様、変更・終了事由に限らず、気付いた点をまず説明したうえで、変更事由や終了事由について検討を加えていきたいと思います。

①　前文について

法務

ここでは、甲野太郎さんを委託者、甲野一郎さんを受託者として読み替え規定を置いています。今回の契約書では、二次受託者を置いていないので問題は起きないのですが、二次受託者を置いている場合は読み替え規定を置いたがために契約書全体に齟齬が生じてしまうこともあります。

公正証書作成のプロセスの中で読み替え規定を公証人の先生が置くケースもあるかと思いますので、最近の工夫としては、二次受託者の条項のところに、「二次受託者が就任した場合にはその者を本契約書中の受託者として取り扱う」などの条文をあらかじめ置いているケースも見受けられます。

②　第３条（信託財産）について

法務

第２項で株式の追加信託の定めを置いていますが、実際には特に理由がなければ信託設定時に全部任せるパターンのほうが多いかと思います。このあたりは、事案によって定めを置いたり置かなかったりとなるかもしれません。

また、当初の株式の信託の場合も追加信託の場合も、第３項で定めたように、株主名簿の書替えや、譲渡制限株式であれば譲渡承認を受けるなど、会社法所定の手続きを行う必要があります。

なお、株主名簿には株式が信託財産に属する旨を記載しなければ、第三者に対して信託財産に属することを対抗できませんので注意が必要です（会法154の２）。

👀 登記

株式が信託された場合でも、会社の登記簿の登記事項に変更はありません。

ただし、信託の後に、役員の改選の登記など株主総会の決議を要する登記申請をする場合に添付する株主リスト（商登規61③）には、委託者または受益者ではなく、受託者の住所・氏名を記載することになります。

③　第５条（議決権行使の指図権者）について

👀 法務

株式信託のときには指図権という仕組みがよく使われます。ただ、指図権は信託法に根拠がある仕組みではなく、そのことが見落とされているケースもあるため注意が必要です（近時は、指図に従わなかった場合の受託者の行為の有効性等についても議論されたりすることがあります）。

本契約書においては第２項で一定の行為を行うには指図を要するとし、そのうえで場合によっては指図がなくても一定の行為ができるように第３項で定めを置いています。

もっとも第３項第２号のかっこ書きのように、一定の期限内に指図権の行使がないことをもって問題なく対応していいかについては、民法98条の２の意思表示の受領能力との関係で注意が必要です（同条は、意思表示の相手方が意思能力を欠いているような場合には意思表示をもって相手方に対抗できない旨を定めています）。

税務

本件では「議決権行使の指図権」が委託者に残された状態です。いわば受益権と切り離されており、将来的に受益権が甲野一郎に移動されるようなことがあっても、甲野太郎が議決権を維持することができるような契約になっています。

議決権に関しては財産的価値があるようにも思われますが、通常の税務の取扱いでは財産価値はないものと扱われています。詳細は**コラム９**をご参照ください。

コラム９

株式会社の議決権と財産評価

１．事業承継に家族信託の利用

事業承継対策での株式の承継の手立ての１つとして、家族信託を活用する方法があります。

(1)　会社経営を継続させる

父（委託者兼受益者）が持つ株式（信託財産）を息子（受託者・後継者）に信託します。株式の名義は息子になりますが、株式の議決権を行使するための指図権を父に持たせることにより父が健康なうちは経営を見守り、判断能力の低下時には指図権が息子になるようにしておけば、経営が滞りません。

(2)　経営権は残したままで財産権は後継者に移動

受益者を変更することができる受益者指定権を委託者に設定しておくことにより、議決権は父に残したまま、配当などを受け取る受益権を息子に贈与または譲渡していくこともできます。また父の相続時には息子に指図権、受益権が移るように設定もできます。

信託には株式の自益権（財産的価値、配当受領権や残余財産請求権）と共益権（議決権）を分けて別々の人に持たせることができるという特徴があります。また、議決権指図権を利用して会社を支配し、実質上継続することも可能となります。しかし、税務では議決権は原則として財産価値がないという実務が行われています。

２．議決権には財産価値がないとする理由

中小企業庁は国税庁に照会し、種類株式の相続税等の評価方法の取扱いについて、平成 19 年３月 16 日に同庁が文書回答という形で種類株式の評価方法を明確化しました。この文書回答事例「相続等により取得した種類株式の評価について（照会）」（平成 19 年２月 19 日）には、「無議決権株式については、原則として、議決権の有無を考慮せずに評価することとなる」とあり、また続けて（注）では「無議決権株式を相続又は遺贈により取得した同族株主間及び議決権のある株式を相続又は遺贈により取得した同族株主間では、それぞれの株式の１株当たりの評価額は同一となる。」という記載があります。

このように議決権単独では評価額がないと表現されています。

３．中小企業庁中間整理（平成 20 年９月１日）

中小企業庁は、平成 20 年６月に「信託を活用した中小企業の事業承継円滑化に関する研究会」を設置し、そこにおける検討結果の中間整理として、信託スキームについて紹介しています。

『信託を活用した中小企業の事業承継円滑化に関する研究会における中間整理について』～信託を活用した中小企業の事業承継の円滑化に向けて～ 平成 20 年９月１日　中小企業庁(https://www.chusho.meti.go.jp/zaimu/shoukei/2008/080901sintaku.htm)

「中間整理」には議決権指図権を利用したスキームがいくつか紹介されていますが、「はじめに」にあるように「本中間整理は、既存の法体系に抵触することのない信託スキームについて、その一つの考え方を提示するものである。」「あくまで一つの考え方を整理したものであって」としています。この中間整理は現在に至るも実務家にとって参考になる情報ですが、議決権に関しても以下の記載があり、検討課題になっていることに留意しておかなければなりません。国税当局も承知していることでもあります。

◆中間整理平成20年９月（13頁）

○「議決権行使の指図権」は、信託受益権とは別個の、信託契約から発生する権利と考えられるが、相続税法上の株式の評価において、原則として、議決権の有無を考慮せずに評価することとされていることも踏まえ、「議決権行使の指図権」に関し、相続税法上の評価を検討することが必要。
○租税回避行為を惹起する懸念を払拭することが必要。

４．議決権の価値はゼロなのか

会社法では議決権のあるなしで株主権の行使に差異が生じていることは明確です。自社株式の相続において、後継者以外の相続人に指図権がなく、実質株主として議決権を行使する機会もないとなれば不満が生じる可能性はあります。配当決議にも参加することができなくなり、配当を受けられない可能性もあります。同族法人において役員になっている株主は、法人税課税後に利益配当されるよりも、役員報酬により利益を得ることのほうが合理的という考え方をするでしょう。

同族法人は、一般的に剰余金の配当や解散をすることは少ないため、自益権としての経済的価値を得る機会は限られてしまいます。それよりも会社を支配し、役員報酬や経費として得る経済的利益を選択するほうが多いと考えられます。このように考えると同族法人では、株式の価値は自益権ではなく、共益権にあるといってもよいほどです。

株式の議決権と経済的所有権を分離して扱うことが妥当なのかという問題点もあります。少数株主への配当という経済的利益が、議決権の価値判断に影響を与えているともうかがえます。議決権の財産価値算定は非常に困難であると思われます。

５．実務上の留意として

現行実務では議決権、議決権指図権については原則として財産評価の価値はないとすることが税務の取扱いとされているようですが、やはり極端に節税を意識したスキームは慎むべきと考えます。財産評価通達には総則６項があり、国税庁長官は別に評価指示をすることができるという規定があります。

また、事業承継信託を設計するうえでは、議決権を行使できない受益権者に対しても相応の経済的利益を享受できるような配慮が必要なのではないかと思われます。

④　第６条（信託財産の管理）について

法務

ここでは信託財産に金銭が生じた場合の管理のことを定めていますが、本契約書には信託金銭の給付に関する定めがないため、仮にそれらの金銭が生じた場合にどのように使ってよいのかが不明です。

通常の金銭信託のように給付に関する条項を置くなどの対応が望ましいと思われます。もっとも、実際には株の議決権の管理のみが信託の目的である場合には、金銭の管理という問題は出てきませんので、事案ごとにどのような定めを置くのかを判断をしていくことが必要となります。

⑤　第８条（信託事務処理に必要な費用と受託者報酬）について

法務

第１項で費用の不足があった場合には「委託者」に請求できるとしていますが、信託法48条５項の定めからすると、請求先は「受益者」となるのが適切です（もっとも、本件は自益信託になるため、同一人物であることから問題にはなりませんが）。

それと、第２項がこれ単体だと契約書の定め方としてあまり適切ではありません。というのは、それで一つの文になるものだからです。今の定めの内容だと１項と合体させたほうが良いと思われます。

⑥　第９条（信託の終了事由）について

次で詳述します。

（２）本信託の終了における問題点

本件では、信託の終了事由として３つのことが定められています。以下、株式信託の終了事由一般論について説明をしたうえで、この契約書上の問題点等について触れていきたいと思います。

①　株式信託の終了事由

株式信託は事業承継の手法の１つになります。一般的には委託者が受託者に経営を承継させていく、という流れになることから、大前提として受託者が会社を引き継ぐことがあります。

ところが、会社の承継にあたっては、ⅰ後継者たる受託者に能力がなかった、ⅱ途中で会社を辞めてしまった、というように、金銭の信託などとは異なる理由によって信託を終了させる場合も出てきます。

まだ世の中には、株式信託の終了事由を整理したものはあまりありませんが、信託の終了事由については、信託法163条、164条においてそれぞれ「別段の定め」を置くことができると定めていることから、例えば次のような事由を信託の終了事由として定めることもあり得ます（もっとも、終了時の課税の問題という信託全体に共通する問題のほか、株式信託の場合には、会社法や商業登記のことなども視野に入れておく必要があります）。

◆株式信託の終了事由の記載例①

> 受託者が株式会社○○を退職したとき

②　本契約書の問題点

それでは、本契約書上の問題点について検討していきます。

［1］　受託者に関する定めについて

本契約書においては、受託者について二次受託者を置いていません。また、信託の終了事由において、受託者が死亡したときや判断能力を喪失したときの定めがありません。

仮に、受託者にすべての株式を任せた後、予期せぬ形で受託者が死亡したり、事故等により寝たきりになってしまったりした場合に会社経営が滞ってしまう可能性があります（もっとも、すべてのリスクに備えることは難しいことから、対応できない場合もあると思われます）。

理想的には二次受託者として候補者がいれば入れておくこと、いない場合には受託者に死亡等の任務終了原因が生じたときには信託自体を終了させてもとの委託者（受益者）に戻すようにしておくことも必要だと思われます。

［2］　第9条第1項第2号の終了事由について

本契約書では、第9条第1項第2号において「受託者が株式会社甲野商事の経営を承継しないことを表明したとき」や「…経営を承継する意思が確認できないと委託者が判断した場合」を信託の終了事由として定めています。

これはいずれも言いたいことは理解できますが、やや曖昧さを残す定めになっており、これで実務上の問題が生じないかという点は注意が必要です（特に、前者の場合であれば受託者の協力のもとにその他の手続きができると思いますが、後者になると場合によっては法的紛争になりかねません）。

上記のことへ備える方法としては、受託者の意思表明をしっかりと書面で残しておくこと（場合によっては確定日付なども取ること）や委託者が判断をしたことについてもその理由ややりとりも含めて書面に残しておくこと、映像や音声を残しておくことなどが考えられます。

［３］　第９条第１項第３号について

これは信託契約書をチェックする中でよく見る信託終了事由になります。

ただ、株式信託の場合において、信託財産が消滅する場合というのはあまり想定されないところです。後述しますが、信託財産である株式をすべて売却した場合においても、その売却代金である金銭は当然信託財産となります（信法16参照）。ひな型にはそういう定めがよく置かれていますが、実際にそれが何を意味するのかについては専門家としてはその意味を考えたうえで条項を作っていくことが必要です。

コラム 10

株主名簿と法人税別表二の株主等の明細の関係

よく「株主名簿を見せてください」と言うと、「法人税別表２」を持ってこられるケースがあります。

あまり知られていませんが（意識されていませんが）、この法人税別表二は厳密にいうと、「株主名簿」ではありません。株主名簿というのは、会社法 121 条以下に定めがあり、その名簿には次のようなことを記載しておかなければなりません。

【名簿記載事項】

ⅰ　株主の氏名または名称および住所

ⅱ　前号の株主の有する株式の数（種類株式発行会社にあっては、株主の種類および種類ごとの数）

ⅲ　ⅰの株主が株式を取得した日

ⅳ　株式会社が株券発行会社である場合には、ⅱの株式（株券が発行されているものに限る。）に係る株券の番号

そして、そのうえで、この名簿は会社の本店に備え置いておかなければならず（会法 125 ①）、株主や会社の債権者から請求があったときには閲覧に供したり、写しを交付したりしないといけないこととなっています（同条②）。

他方、法人税別表二の株主等の明細は、あくまで、税法上の「同族会社等の判定」のために使われるものであることや、上記の会社法の要求する記載事項を網羅しているものではないことから、両者は概念としては別のものになります。

もっとも、実務においては、会社法上の株主名簿を作成（更新）していないケースもままあることから、実際の対応にあたっては上記のことを理解したうえで、漏れがないようにしていかないといけません。

（３）その他

株式信託特有のこととして、信託終了時には、次のような対応が必要です。

①　法人税の別表の修正

株式信託をした段階で、法人税の別表の株主が受託者に変わっている場合においても、信託終了後の株主の状況等を反映させた形で株主名簿を変更する必要があります。その際には、その株式の移動が贈与や売買ではないことを明らかにしておくことが必要だと思われますので、信託契約書が公正証書で作られているほうが望ましいでしょう。

②　株主名簿の変更

①のほか、会社法に基づいて会社に備えられている株主名簿の変更もしておくことが必要です。株主名簿の記載方法についてはまちまちな部分もあると思いますが、信託が終わったことをしっかりと反映させておく必要があります。

③　事業承継の特殊性と信託の変更

事業承継の特殊性として、もともと株式を持っていた人が信託後も経営に口を出したり、承継先を変更したいと言い出したりしやすい点があります。

信託契約時に、変更をしやすくするのか、それとも変更しにくくするのかは、事業によって異なってくると思われるため注意が必要です。

コラム 11

信託財産である株式をすべて売却しても信託は続くのか？

株式信託において、信託財産である株式を売却した場合、売却代金である金銭が信託財産となります。

よって、信託財産が消滅するわけではないため、信託は続きます。

もっとも、単純にそう言って問題ないかというと別の観点からの検討も必要です。

信託法 163 条１号では「信託の目的を達成したとき、又は信託の目的を達成することができなくなったとき」には信託が終了すると定めています。

株式信託の目的が事業承継のみであって、委託者兼受益者の生活を支えることなどが目的になっていないことが明らかな場合には、仮に受託者が株式を売却したとすると、もはや信託の目的が不達成になってしまったとも評価することができ、そうすると信託が終了する、と考えられます。

その意味でも、株の売却があることが想定されるのであれば、その売却代金の扱いも含めた形で信託契約書を作成しておくことが望ましいでしょう。

第４　その他

（１）遺留分、相続税の検討

本件の場合には、信託とは直接関係しない部分になりますが、相続税の納税資金の問題、そして遺留分の問題を考える必要があります。

①　相続税について

本件の場合、委託者の総資産が６億7,000万円ほどあるため、高額な相続税の納税を行わないといけません。

そして、本件のケースでは、資産のうち、大半が株式で、残りの資産も不動産が中心になり預貯金はあまり多くありません。

そうすると相続時において、事業承継税制を活用しないような場合には生命保険の活用等により、その納税資金の準備もしておくことが必要です。

②　遺留分について

本件の場合、株は長男に、その他は二男という形で承継をした場合も遺留分の問題が起きます。

仮に全財産を長男にという遺言があった場合でも、二男に４分の１の遺留分の権利が発生します。相続法改正に伴い、遺留分は金銭請求権になっているため、その相当額の金銭を用意するなど、遺留分への備えが必要です（その他、生前に二男の協力を得て「遺留分の放棄」（民法1049）を家庭裁判所で手続きしてもらうという方法もあり得ます）。

なお、遺言がない場合には法定相続分として２分の１を渡さないといけないという問題も出てきますので、信託組成時にはこのあたりのことも注意をしておくことが必要になります。

（２）議決権の行使主体

株式信託においては、受託者が議決権を行使する形になります。この点がよく誤解されがちですが、決して委託者・受益者が判断するのではありません。信託という仕組みは、委託者の財産の「所有権」を受託者に移転することで、以後、受託者が財産管理等にかかる法的な権限に基づいて任された財産の管理を行うという仕組みです。この点はしっかりと理解しておかなければなりません。

そういう意味では、受託者の権限は大きく、他方でその責任も大きいのです。

事業を引き継ぐということはそういうことである、という点についてもしっかりと説明をして相談者に理解しておいてもらうことが必要です。

（３）会社が使用している不動産について

本件では、会社の土地・建物についても父親の個人所有で、それについては会社経営者である長男ではなく、二男に引き継がせようと考えているようです。

この点、二男が土地を承継した後に第三者に売却した場合、本件では土地の利用権限も使用貸借であり弱いことから、会社が追い出されるリスクがあります。この点についても、事前に賃貸借契約にしておくなどの対応が必要だと思われます。

第５　まとめ

株式信託については、金銭や不動産について、家族信託の仕組みと内容を異にする部分が多いものです。決して金銭に関する信託契約書をそのまま活用したりしないように気を付けてください。

コラム12

株式信託一般論としての注意点

株式信託は、通常の金銭や不動産の信託とは異なる面を持っています。それは、この信託の根拠となる法律が信託法と会社法である、ということもその理由の１つです。

よって、株式信託を行う場合には、信託法の定めの内容のほか、会社法の定めの内容等についても意識をしておくことが必要です。

以下に代表的なチェックポイントを書き出してみます。

①　株券が発行されているかどうか

会社法上、株券が発行されている場合には、株式を譲渡するにあたって株券の交付がなければその効力が生じないこととなっています（会法128①）。

よって、株式信託にあたっては株券が発行されているかどうかを確認する必要があります。そして株券が発行されている場合には、以後もそのままで行くか、株券を廃止するかということも検討しないといけません。

②　譲渡制限の定めがどうなっているか

株式の信託は「譲渡」の１つになるため、譲渡制限の定めの内容はしっかりと確認しておく必要があります。

例えば、「当会社の株式を譲渡するには取締役会の承認を要する」となっていれば、株式信託をするにあたっては、取締役会の承認を取らなければなりません。

③　定款の定めがどうなっているか

これは見落としがちですが、定款上では、「役員は株主であることを要する」と定めている場合があります。これを見落として全株式を信託した場合に、予期せぬ形で委託者が役員の資格を失ってしまうということも起こり得ます。このことは税金の面にも影響が出てくることがあるため注意が必要です。

それ以外にも、信託にあたって定款の定め方が差支えとなるようなことはないか、などを確認したうえで、場合によっては、信託をする前後で定款の変更をしたほうが良いという場合もあります。

④　株主名簿はどうなっているか。

株式を信託するにあたっては、まずは信託前の株主名簿をしっかりと確認をしたうえで、信託後には信託の内容を反映させた株主名簿を作成することが必要です。

以上の４点は、専門家として株式信託に関与した場合に見落とさないように注意をしてください。

第3章

信託の変更・終了に関するFAQ

本章では、信託の変更・終了に関してよくある疑問・質問等をまとめています。

Q1　信託契約の変更と登記

信託契約書の内容を変更しましたが、変更登記は必要でしょうか。

A1

不動産に信託の登記がされている場合で、信託目録の登記事項に変更があったとき、受託者は遅滞なく変更登記を申請しなければなりません（不登法103①）。よって、信託契約書の変更部分が、信託目録に登記されている場合は、変更登記が必要になります。

信託目録の変更の登記は、受託者の単独申請となります。ただし、変更の形態や内容によっては、受託者以外の者が作成した書面を添付することがあります。例えば、委託者、受益者、受託者の三者の合意で信託契約の内容を変更した場合、三者の合意を証するために、変更登記の申請人ではない委託者と受益者が作成した登記原因証明情報を添付する必要があると考えられるので、注意が必要です。

信託の変更登記の登録免許税は、不動産1個につき1,000円です（登免別表第1、1、(14)）。

なお、受託者について交代的な変更が生じた場合、旧受託者から新受託者への所有権移転登記を申請することになりますが、この登記の登録免許税は非課税です（登免法7①三）。

また、新受託者への所有権移転登記がされると、登記官は職権で信託目録の受託者の変更登記を行うとする規定が不動産登記法101条1項にありますが、受託者が法人で合併により変更となった場合は含まれませんので、別途、信託目録の変更登記を申請することになります。

Ｑ２ 信託内容の変更と目録の追加

信託の内容を変更したことに伴い、信託目録に条項を追加するとすれば、どのような場合が考えられるでしょうか。また、どのような点に注意したらよいでしょうか。

Ａ２

信託目録に条項を追加するケースは、信託目録に登記されていない条項について信託契約書に新たな条項が設けられた、または変更が加えられた場合が考えられます。

例を１つ考えてみます。信託の変更について信託法の規定をそのまま適用する信託の場合（信託契約の中に別段の定めを置かない場合）、信託目録の「その他の信託の条項」の欄に、信託の変更についての条項は登記する必要はありません（確認的に載せるという考えはあり得ます）。そのような信託の場合、契約書には信託の変更についての定めがない、または、「信託の変更は信託法の規定に従う」などと定めていることが考えられます。そして、「委託者、受益者、受託者および信託監督人の合意を要する」と新たな条項を設けた、または、そのように条項を変更した場合、信託目録には信託の変更についての条項は登記されていませんので、条項を追加する登記をすることになります。

信託目録に信託契約書の内容をどこまで載せるべきかは、必ずしもはっきりしていません。しかし、少なくとも後続の登記申請に影響を及ぼす内容は載せておくべきでしょう。

信託目録に載せていないことにより、後続の登記ができなくなる例はP.34で説明しています。

では、「委託者、受益者、受託者および信託監督人の合意を要する」と契約書を変更したのに、この条項を信託目録に追加しなかった場合はどうでしょうか。

この変更があった後に、さらに契約書の他の条項に変更があって、それに伴い信託目録の変更登記を申請したとき、登記官には変更に信託監督人の合意を要することがわかりませんので、委託者、受益者、受託者の合意があったことが添付書面から判明すれば、信託の変更登記は受理されるでしょう。

実際には必要な信託監督人の合意が欠けていたとしても、信託目録の変更登記がされてしまうことになります。信託の変更に信託監督人の合意を要すると、ハードルを上げたにもかかわらず、登記の場面ではこれが十分に機能しないことになります。

P.34の例は後続の登記ができなくなる例ですが、上記の例は、本来されるべきでない登記がされてしまう例といえます。

信託目録に載せる内容は、手続きを代理する司法書士に委ねられているのが実際だと思います。契約書上ではできる登記ができなくなる、逆にできないはずの登記ができてしまうなどということがないよう、信託目録に載せる内容の判断には注意が必要です。

Ｑ３ 信託内容の変更と金融機関

信託契約書について、公正証書で作成した後、金融機関にその契約書を持って行ったのですが、「この契約書の内容では信託口口座の開設や信託内借入には応じられない」と言われました。どうしたらよいでしょうか。

Ａ３

これは意外とよくあるパターンです。

本来的には、信託口口座を開設することや信託内借入をすることなどを考えている場合は、公正証書にする前に金融機関と事前に調整等を行うのがあるべき流れになります。

もっとも、この事例のような場合には、金融機関と協議のうえで、「ここを直してくれればよい」という点が明らかになるのであれば、信託の変更をすることで対応をすることも考えられます。

その変更の方法については、多くの金融機関は変更契約自体が公正証書になっていることを求めると思われますので、委託者兼受益者が元気なうちに、早めに当初の信託契約書を作った公証役場と調整をして変更契約書を作成するのがよいでしょう。

Q４ 受託者単独による変更

将来、委託者（受益者）の判断能力がなくなった後も柔軟に変更したいと考えているので、契約書に「信託契約の変更は受託者が単独でできる」という定めを置こうと思っています。問題ないでしょうか。

A４

信託は、誰のための仕組みかというと、「受益者」のためです。そのため、受託者が一人でその内容を受益者のためにならないようなことも含めて変更できる権限を持つことは、好ましくありません（場合によっては、**第１章**で解説した「特定委託者」に該当するおそれや、そもそも信託ではないと指摘されるおそれもあります）。

似たような話としては、委託者兼受益者が判断能力喪失後も暦年贈与を続けるために、委託者兼受益者以外の立場の人がそれを実現する役割を担うというものもあります。

いずれの場合も、信託が誰のものか、その信託の目的は正当なものか、という観点からの検討が必要だと思われます。

Q5 信託終了時に必ず行う事務

信託の終了時に必ず行わないといけないこととはどのようなことですか。

A5

信託の終了時にどのような事務を行うかは、その信託の内容によって異なります。

【金銭のみの信託の場合】

信託が終了した場合、信託契約書に定める清算受託者はその信託の清算を行うことになります。

金銭のみの信託の場合、清算受託者は信託口口座を開設している金融機関に行って、口座の解約をし、残った預金の払戻しを受け、それを信託契約に定められた内容に基づいて分配することになります。

この口座の解約における手続きは金融機関ごとに異なるため、確認をして対応する必要があります。例えば、口座解約の理由を聞かれたり、戸籍やその他必要な書類を求められたりすることがあります。

なお、清算受託者については、信託契約書に明記していないケースもまま見受けられますが、銀行における対応等をスムーズに行うためにも、清算受託者が誰なのかがわかるように定めておくことが望ましいです。

【不動産がある信託の場合】

信託財産に不動産が含まれている場合には、帰属権利者等に所有権移転登記をするのとあわせて、信託の登記を抹消する手続きが必要です。この詳細についてはP.44のとおりとなります。

【信託に関する帳簿の作成義務および保存】

信託に関する帳簿の作成義務および保存義務は、「受託者は、信託事務に関する計算並びに信託財産に属する財産及び信託財産責任負担債務の状況を明らかにするため、法務省令に定めるところにより、信託財産に係る帳簿その他の書類又は電磁的記録を作成しなければならない。」と規定されています(信法37①)。

そして、同条３項で、「受託者は、前項の書類又は電磁的記録を作成したときは、その内容について受益者（信託管理人が現に存する場合にあつては、信託管理人）に報告しなければならない。」と定められており、書類を作成し終えたら受託者自ら受益者にその内容について報告しなければならないという義務を負っていることになります。

このようにして作られた書類等は、下記のとおり、一定期間保存しておくことが義務付けられています。

◆受託者の信託帳簿等の保存義務

帳簿等の種類	保存期間	根拠条文
信託財産に係る帳簿	作成の日から10年間（当該期間内に信託の清算の結了があったときは、その日までの間）※	信託法37条４項

信託財産に属する財産の処分に係る契約書その他の信託事務の処理に関する書類または電磁的記録	作成または取得の日から10年間（当該期間内に信託の清算の結了があつたときは、その日までの間）	信託法37条5項
貸借対照表、損益計算書その他の法務省令で定める書類または電磁的記録	信託の清算の結了の日までの間	信託法37条6項

※ ただし、受益者に対し、当該書類もしくはその写しを交付し、または当該電磁的記録に記録された事項を法務省令で定める方法により提供したときは、この限りではない。

【税務署への書類の提出】

信託が終了した場合(信託に関する権利の放棄があった場合、権利が消滅した場合を含む）には、信託の受託者は終了の事由が生じた日の属する月の翌月末までに、「信託に関する受益者別（委託者別）調書」「信託に関する受益者別（委託者別）調書合計表」を税務署に提出する必要があります（相法59③三）。

ただし、次の場合には提出は不要です。

① 受益者別に、当該信託の信託財産の相続税評価額が50万円以下である場合（信託財産の相続税評価額を計算することが困難な事情が存する場合を除く）（相規30⑦一）

② 信託終了直前の受益者等が、受益者等として有していた権利に相当する当該信託の残余財産の給付を受け、または帰属する者となる場合（相規30⑦五ハ（5））

③ 残余財産がない場合（相規30⑦五ハ（6））

上記の提出業務のある支払調書を提出しなかった場合などには「1年以下の懲役又は50万円以下の罰金」が課せられます（相法70）ので安易に考えないでください。

Q6　信託終了時における専門家の関与の仕方

信託の終了について、専門家としてはどのような関与をするのがよいのでしょうか。

A6

信託というのは、信託契約を結んだらそこで業務が終わり、というものではなく、その信託が当初の目的どおりうまく回っているか、終わるときに想定どおりに終了できたか、ということが非常に重要になります。

信託の組成に関与した専門家としては、可能な限り、信託が終了する時までサポートを継続することが望ましいです。

例えば、委託者死亡時に信託が終了するような信託であれば、その信託の終了事由が生じたときに関与専門家にその情報がしっかり伝わるような関係を構築しておくことが大切です。

また、信託財産について融資が付いているような物件であれば、その融資についてどのような形にするのか、金融機関との調整が必要なケースもあります。

いずれにしろ、家族信託については終了時の対応について専門家のフォローができるようにしておくことが望ましいです。

Q７ 清算受託者について

清算受託者に就任してほしいと頼まれたのですが、引き受けても問題ないのでしょうか。

A７

これはよく受ける質問です。

似たシチュエーションで、遺言の場合において遺言執行者に就任する専門家も多くいることから、同じような業務をする清算受託者に就任しても問題ないのでは、という意見も聞かれるところです。

ただ、清算受託者も「受託者」であることは明らかですし、信託業法においては受託者を業として行うためには信託業法の免許または登録が必要となっています（同法３、９参照）。

そのような点から、清算受託者に就任することは信託業法との関係で問題があるという考え方が有力です。

清算受託者への就任を頼まれた場合は、このことをしっかりと頭に入れておく必要があります。

Q８　複数委託者と契約本数

委託者が複数人いるケースでは、信託契約を１本にまとめてしまうと、信託の終了時に問題が起きたりしないでしょうか。委託者ごとに契約を分けたほうがよいでしょうか。

A８

この問題はケースにより異なります。

例えば、対象となる不動産が収益物件で融資が付いているようなケースでは、１本の契約で信託してほしいと依頼されることもあるようです。ちなみに、仮に委託者の１人が受託者となっている場合においても、「共有者全員持分全部移転及び信託」という形で登記申請ができることについては、平成 30 年 12 月 18 日付法務省民事局民事第二課長通知を参照してください。

一方で、信託にかかる法律関係をシンプルにするためには契約書を分けたほうがよい場合もあります。

例えば、委託者が父と母、受託者が長男というケースを想定してみましょう。これを１つの信託契約で作成した場合に、「父死亡時、または母死亡時に受益権をどうするか」という結構難しい問題が出てきます。

それであれば、父の財産分と母の財産分と分けて契約するほうがよい場合もあります。

いずれにしろ、事案ごとに契約書の本数は１本がよいか、それとも分けたほうがよいかは、その都度よく考えて対応する必要があります。

Q9 信託終了の実例数

信託の終了の実例はどのくらいあるのでしょうか。

A9

2019 年に信託が公正証書化された件数が約 2,800 件、その前年が約 2,200 件あります。

信託が発効してすぐに委託者が死亡するなどして終了するケースもないわけではありませんが、実際には組成から終了までにタイムラグがあります。

信託の終了について統計的な数字を拾うのは難しいですが、家族信託が普及してきてから、５年程度が過ぎた今、だんだんと終了の実例も増えてきているというのが実情です（といっても、何人かの専門家に聞いてみたところ、信託を多く手がけている専門家の方でもまだ数件程度のようです）。

Q10 信託口口座の解約

信託口口座の解約は誰がするのでしょうか。

A10

信託口口座の解約については、清算受託者が行います。決して、委託者兼受益者の法定相続人が行うわけでないという点に注意が必要です。この点は、相続手続と混同しないようにする必要があります。

また、信託口口座ではなく、受託者名義の信託専用口座を使っていた場合は、受託者本人が自分の口座を解約するのと同じ手続きになります。

Q11 終了に伴う登記手続

信託の終了時の登記手続はどのようすればよいのでしょうか。登記申請の概要について教えてください。

A11

信託の終了時、信託財産に不動産が含まれる場合、信託の終了事由については登記する必要はありません。ただし、清算が結了するまで信託は存続するものとみなされますので（信法176）、信託が終了しても登記すべき事項について変更等があった場合は、その登記をする必要があります。

そして、その不動産は帰属権利者等に帰属する、または換価のため第三者に売却等されるなどにより、最終的には信託財産に属さないこととなります。帰属権利者や第三者への所有権移転登記とあわせて、信託登記の抹消を行う必要があります。

なお、清算結了の時点では、信託の登記がされた不動産は存在しないはずですので、清算結了について不動産登記をすることはありません。

詳しくは、P.39をご覧ください。

Q12 残余財産の帰属と遺産分割協議

信託が終了したときの残余財産の帰属について、遺産分割協議で定めることはできるのでしょうか。

A12

委託者から受託者に信託された財産は、その効力発生時に受託者の所有となります。つまり、その時点から委託者の固有の財産ではなくなります。自益信託の場合においては、委託者＝受益者となり、委託者兼受益者は、受託者に対して受益権に基づく給付を受けることができるという立場に替わります。

このように信託した財産は委託者の固有の財産ではなくなることから、委託者が死亡した際において相続財産とはなりません。この点は注意が必要です。

よって、信託が終了したときの残余財産の帰属については、信託契約の定めるところにより決まってきます。

例えば信託契約において、「委託者の法定相続人であるＡとＢが協議で定める」というような条項があって、委託者の法定相続人がＡとＢである場合、「信託財産の帰属決定合意書」というようなものを作って、ＡとＢが署名・押印などする形が考えられます。

なお、法定相続人がＡとＢしかいないような場合、実際には遺産分割協議書とテーマが同じことから一つの書類で作っている例も散見されます。その場合においても、タイトルを「遺産分割等協議書」としたり、信託財産については遺産ではないということがわかるような工夫をしたりしておくこと望ましいです。可能であれば、別の書面にしておくほうがよいでしょう。